U0853287

“十一五”国家重点图书出版规划项目

·经/济/科/学/译/丛·

Study Guide with Worked Examples for Use with International Macroeconomics

《国际宏观经济学》学习指导与习题集

斯蒂芬·罗斯·耶普尔（Stephen Ross Yeaple） 编

刘　蕊　马幕远　译

中国人民大学出版社

·北京·

《经济科学译丛》编辑委员会

学术顾问 高鸿业 王传纶 胡代光
范家骧 朱绍文 吴易风

主　　编 陈岱孙

副 主 编 梁　晶 海　闻

编　　委 （按姓氏笔画排序）

王一江 王利民 王逸舟
贝多广 平新乔 白重恩
刘　伟 朱　玲 许成钢
张宇燕 张维迎 李　扬
李晓西 李稻葵 杨小凯
汪丁丁 易　纲 林毅夫
金　碚 姚开建 徐　宽
钱颖一 高培勇 梁小民
盛　洪 樊　纲

《经济科学译丛》总序

中国是一个文明古国，有着几千年的辉煌历史。近百年来，中国由盛而衰，一度成为世界上最贫穷、落后的国家之一。1949 年中国共产党领导的革命，把中国从饥饿、贫困、被欺侮、被奴役的境地中解放出来。1978 年以来的改革开放，使中国真正走上了通向繁荣富强的道路。

中国改革开放的目标是建立一个有效的社会主义市场经济体制，加速发展经济，提高人民生活水平。但是，要完成这一历史使命绝非易事，我们不仅需要从自己的实践中总结教训，也要从别人的实践中获取经验，还要用理论来指导我们的改革。市场经济虽然对我们这个共和国来说是全新的，但市场经济的运行在发达国家已有几百年的历史，市场经济的理论亦在不断发展完善，并形成了一个现代经济学理论体系。虽然许多经济学名著出自西方学者之手，研究的是西方国家的经济问题，但他们归纳出来的许多经济学理论反映的是人类社会的普遍行为，这些理论是全人类的共同财富。要想迅速稳定地改革和发展我国的经济，我们必须学习和借鉴世界各国包括西方国家在内的先进经济学的理论与知识。

本着这一目的，我们组织翻译了这套经济学教科书系列。这套译丛的特点是：第一，全面系统。除了经济学、宏观经济学、微观经济学等基本原理之外，这套译丛还包括了产业组织理论、国际经济学、发展经济学、货币金融学、公共财政、劳动经济学、计量经济学等重要领域。第二，简明通俗。与经济学的经典名著不同，这套丛书都是国外大学通用的经济学教科书，大部分都已发行了几版或十几版。作者尽可能地用简明通俗的语言来阐述深奥的经济学原理，并附有案例与习题，对于初学者来说，更容易理解与掌握。

经济学是一门社会科学，许多基本原理的应用受各种不同的社会、政治或经济体制的影响，许多经济学理论是建立在一定的假设条件上的，假设条件不同，结论也就不一定成立。因此，正确理解掌握经济分析的方法而不是生搬硬套某些不同条件下产生的结论，才是我们学习当代经济学的正确方法。

本套译丛于1995年春由中国人民大学出版社发起筹备并成立了由许多经济学专家学者组织的编辑委员会。中国留美经济学会的许多学者参与了原著的推荐工作。中国人民大学出版社向所有原著的出版社购买了翻译版权。北京大学、中国人民大学、复旦大学以及中国社会科学院的许多专家教授参与了翻译工作。前任策划编辑梁晶女士为本套译丛的出版做出了重要贡献，在此表示衷心的感谢。在中国经济体制转轨的历史时期，我们把这套译丛献给读者，希望为中国经济的深入改革与发展做出贡献。

《经济科学译丛》编辑委员会

序　言

罗伯特·芬斯特拉和艾伦·泰勒撰写了一本很好的教科书，该教科书指出了在国际经济中的一些重要因素，并且介绍和解释了一些能用来分析这些要素的微观经济和宏观经济模型。这本学习指导与习题集是对教科书的一个补充，旨在向学生提供一个通过自主学习达到更多了解国际经济知识目的的额外机会。自主学习的策略不仅在学术方面，而且在运动、音乐或者艺术方面都是非常奏效的。一个优秀的教练或者教师给他的运动员或学生确定一种重要的技能让他去学习，然后把这种技能展示给他的运动员或是学生，之后确认他的运动员或是学生准确地执行这项技术，最后对运动员或者学生进行操练直到这项技能成为他们的第二天性为止。在大多数高等教育机构中，引导你采用这些步骤的材料对于你来说是可以得到的，但是最后到底采用哪些步骤就完全在于自己了。

在这本学习指导与习题集中采用的策略包括两个方面的内容。第一，复习教科书中每一章节的每一个部分所提到的基本概念和关键术语，目的是使学生更加清楚哪些内容是他们需要掌握的。在一些地方，复习了在微观经济学和宏观经济学中介绍的根本经济理论。对构成国际经济学基本词汇的关键术语的定义也向学生做了介绍。

第二部分涉及需要解决的问题。在每个章节的每个部分提到的问题都是为了检测学生对基本概念的了解以及加强对经济分析的逻辑结构的掌握。这些问题在难度上有很大的不同，有时会超出教材中讨论的范围让学生对从教材中学到的经济原理的应用范围进行一定的延伸。尽管有的问题后面直接给出了填写答案的地方，还是鼓励学生使用更多的空间以提供更为详细的答案，因为回答启发性的问题所创造的价值大部分都是从练习写详细答案的过程中获得的。在谈及特别重要或者特别难的话题的问题下面都立刻给出了提示，以便纠正通常的错误并展示不同类型经济问题的共同特点。最后，在本书的最后给出了每一个学习指导问题的详细答案。

你花在学习中的时间和精力越多，你获得的经验就越多，并且你会更加欣赏由罗伯特·芬斯特拉和艾伦·泰勒合著的教科书的质量。

目 录

丛·《国际宏观经济学》学习指导与习题集 经济科学译丛·《国际宏观经济学》学习指导与习题集 经济科学

第1部分 国际宏观经济学导论

第 1 章　全球宏观经济

概　要

这一章简要地概述了这本书的其他部分所涉及的一些概念和主题。这些主题被分为三大类。因为汇率能够影响一个国家所有居民的福利水平，影响外汇市场的结构并且能够影响汇率产生的理论，所以说汇率是经济学中一个非常重要的价格。接下来一个重要的主题就是金融全球化的由来和意义。一个国家在国际金融市场上借入和借出的能力是通过这个国家的福利水平显现出来的，但是，当国家不能履行它们的国际责任时，这些国家在国际市场上的行为将会受到限制并且会造成严重的后果。最后，几乎每一章都会介绍一些政府面临的决策分析。这些政策都是不同寻常的，比如财政政策的制定，都是经过例如一个国家通过加入欧元区能否获得很好的服务这样的复杂分析才制定出来的。

1. 外汇：货币和危机

基本概念

汇率是指一个国家的货币相对于另一个国家的货币的价格。在开放式经济体系中，汇率是唯一最重要的价格，因为汇率水平决定国外货物和服务相对于国内货物和服务的贵贱程度，又因为汇率的变化影响国外资产的相对回报。存在货币交易的外汇市场是世界上最大的市场。第 2 章介绍了外汇市场的结构和操作规则，第 3 章和第 4 章介绍了决定汇率的货币因素理论。

汇率的变动对一个经济体的表现会产生很大影响，因为汇率会影响一个国家的货物和服务的需求，并且能够直接改变一个国家的财富。汇率的突然急剧下降被称为汇率危机，能够产生严重的经济影响：包括经济产量的大幅下降，贫困人口数量的上升，以及大规模的银行倒闭。由这样的汇率危机引起的经济错位偶尔也会以暴动和政府失灵的方式波及政治舞台。国家货币基金组织是负责向处于危机中的国家提供帮助的国际机构。第 5 章开发了有助于理解国家之间联系的工具，而第 7 章的主题是汇率变动对经济体的影响。第 9 章探索了汇率危机产生的原因和带来的后果。

为了避免汇率变动带来的影响，一些政府部门选择实施固定汇率制度。这样做的结果就是，它们必须通过买卖本币来换取外币。另外一些国家倾向于采用由市场力量决定的浮动汇率制度。一些国家结成联盟，采用共同货币。不同汇率制度的相对优势是第 8 章的讨论焦点，而第 10 章详细地阐述了许多欧洲国家所采用的共同货币欧元。

关键术语

在关键术语后面的横线上写下你的解释。

固定汇率：______________________________

浮动汇率：______________________________

汇率危机：______________________________

违约：______________________________

国际货币基金组织（IMF）：______________________________

世界银行：______________________________

复习题

问题 1：为什么经济学家将汇率看作是经济体中唯一最重要的价格？

______

问题 2：汇率的变化会给一个国家的出口商带来什么影响？

______

2. 金融全球化：债务和赤字

基本概念

当一个家庭的支出大于收入时，这个家庭就必须要么削减其储蓄要么出售其资产。这样的情况对于国家来说也是同样适用的。如果一个国家的支出大于收入，那么这个国家正处于经常账户赤字状态，这个国家就必须向处于经常账户盈余的国家出售资产。支出持续性地小于收入的国家能够积聚它们的额外财富，然而那些处于经常账户赤字状态的国家会耗尽它们的财富。正如在家庭中发生的情况一样，资本收益和损失也影响一个国家的财富。国际收支是一种被设计用来遵循国际交易和对外财富的演变的详细的会计制度。国际收支账户与一个国家的国内账户是紧密结合在一起的，会随着一个国家的支出流动而发生变化。第 5 章解释了国民账户和国际收支问题。

金融全球化允许国家将它们的积蓄与投资区分开，从而能够给那些处于困难时期或者拥有高投资需求的国家提供帮助。金融全球化存在的不利方面就是国家偶尔会发现它们不愿意向国际债权人支付它们的债务。那些被认为可能会拖欠外国债务的国家，由于它们的国家风险要支付更高的利率。金融全球化的得失是第 6 章的主题，第 9 章讨论了风险溢价，第 11 章阐述了主权违约问题。

关键术语

在关键术语后面的横线上写下你的解释。

收入：______

支出：______

盈余：______

赤字：______

财富：______

资本收益：____

国家风险：____

国际收支：____

复习题

问题 3：假设巴西借款的利息是 10%，而美国借款的利息只有 4%。巴西的国家风险水平是多少？

____

问题 4：假设母国处于一种经常账户赤字状态。

4a. 在其他条件不变的情况下，母国的外部财富会发生什么变化？

____

4b. 什么样的情况能够使母国的外部财富沿着一个无法预知的方向发展？

____

3. 各国政府和机构：政策和绩效

基本概念

《国际宏观经济学》这本书的一半篇幅专门用来讨论各种政策的影响。这些政策中有一部分政策比其他政策更具基础性。制度是一个规则集，它界定了政策实施的参数。从更基本的角度来说，机构涵盖了最基本的法律、政策和影响经济行为的社会结构。

全球化的过程在很大程度上是由于政府降低了它们国家和其他国家的经济一体化限制而引起的。国家已经降低了它们在货物和服务贸易方面的壁垒，并且持续性地削弱了资本流入和流出国家的限制。各国在贸易自由化的程度上形成了一种确定的模式：发达国家开发程度最高，新兴市场经济体也有一定的自由化，发展中国家仍然在很大程度上处于全球经济范围之外。第 6 章讨论了金融全球化的得失。第 11 章阐述了金融一体化的障碍。

一个国家所面对的最重要的政策就是这个国家所选择的汇率制度。一个选择固定汇率制度的国家会避免由于汇率的影响所带来的不确定性因素，但是也限制了这个国家实施独立的货币政策的能力。此外，它还会变得更容易受到汇率危机的影响。一些国家已经通过采用一种共同的货币制度或者共同采用美元化的方式，将它们的经济与其他国家的经济完全整合在一起。第 4 章介绍了固定汇率的货币政策影响，第 8 章详细阐述了选择一种固定的汇率制度而非浮动汇率制度的标准。第 9 章讨论了固定汇率在引起货币危机中所产生的作用。最后，第 10 章主要说明了一种共同的货币制度产生的原因和带来的后果。

关键术语

在关键术语后面的横线上写下你的解释。

政策：__________

体制：__________

制度：__________

发达国家：__________

新兴市场经济体：__________

共同货币：__________

美元化：__________

大分流：__________

人均收入：__________

收入波动：__________

发展中国家：__________

复习题

问题 5：什么力量推动全球化的发展？

____

提示

如果这一章讲述的内容比较笼统，请不要过于担心。在接下来的 10 章，请你把握住机会仔细认真地学习这些内容。

丛·《国际宏观经济学》学习指导与习题集 经济科学译丛·《国际宏观经济学》学习指导与习题集 经济科学

第2部分 汇　率

第 2 章　汇率与外汇市场概述

概　要

汇率是一个国家的货币相对于另一个国家的货币的价格。汇率是整个经济体中最重要的价格之一，因为汇率的变动能够改变一个国家货物的竞争力，并且能够改变国内资产相对于国外资产的回报率。这一章首先对全球的外汇市场做了一个简短的介绍，包括：(1) 在这个市场上外汇买卖合约的种类；(2) 这个市场中的主要参与者；(3) 在这个市场中开展交易活动的方式。

同时这一章也介绍了套汇这个重要概念。通过低价买入高价卖出的方式，套汇者改变供给和需求状况，以此保证国家之间的所有汇率都一致。此外，它遵循套利原则，如果投资者不关注风险，那么他们的所有资产的预期回报一定都是相同的，不管他们采取哪种货币制度。这种观点被用来推导利率平价方程，这个方程能够用来计算外汇市场达到均衡状态时的汇率水平。

1. 汇率要领

基本概念

这一部分介绍了一些有关汇率的术语和约定，这些术语和约定将会被用在这本书的其他部分。汇率是两种货币的相对价格。相对价格和它的倒数表达的意思是完全相同的，但是关键的是这两者不能相互混淆，因为相对价格的上升意味着它的倒数的降低。需要注意的一个约定是，母国的汇率是指购买一单位外国货币所应放弃的本国货币的数量。一国汇率的上升被称为该国货币的贬值，因为购买一单位的外国货币需要花费更多的本国货币。一国汇率的下降被称为该国货币的升值。世界上有一百多种货币，一国的汇率很可能相对于一种货币来说是贬值，但相对于另外一种货币来说是升值。有效汇率被用来衡量一个国家货币价值的平均变动情况。一个国家的有效汇率变化等于这个国家所有交易伙伴的汇率变动的加权平均值。A 国的货币在 B 国的有效汇率上所占的权重等于 A 国在 B 国总的交易量中所占的份额。

这一章的一个重要观点就是，如果商品的价格固定在一个国家的自有货币上，那么这些商品的国外价格就会随着这个国家的汇率按比例变动。因此，如果美元相对于日元升值，那么日本商品的美元价格相对于美国商品来说就会变得更加有吸引力。如果美元相对于日元贬值，那么日本商品的美元价格相对于美国商品来说就会变得更加没有吸引力。

关键术语

在关键术语后面的横线上写下你的解释。

汇率：______________________________

升值：______________________________

贬值：______________________________

有效汇率：______________________________

复习题

问题 1： 第一天 1 单位美元能够兑换 1 单位欧元或者 100 单位日元。第二天 1.2 单位美元能够兑换 1 单位欧元，而 1 单位美元能够兑换 120 单位日元。

1a. 首先以美国为基准写出美元和欧元之间的汇率，然后以欧洲为基准写出美元和欧元之间的汇率。

1b. 在第一天到第二天之间，美元相对于欧元来说是升值还是贬值？变化的百分比是多少？

1c. 在第一天到第二天之间，欧元相对于美元来说是升值还是贬值？变化的百分比是多少？

1d. 首先以美国为基准写出美元和日元之间的汇率，然后以日本为基准写出美元和日元之间的汇率。

1e. 在第一天到第二天之间，美元相对于日元来说是升值还是贬值？变化的百分比是多少？

1f. 假设美国和欧洲的交易额是 2 000 亿美元，而美国和日本的交易额是 4 000 亿美元。在第一天到第二天之间，美元的有效汇率是升值还是贬值？（这个货币篮子只包括欧元和日元。）变化的百分比是多少？

提示

很容易将升值和贬值相互混淆，反之亦然。应用最常用的约定，当一个国家的汇率下降时，这个国家的货币就会升值（通常在媒体上被称为该国货币增值或者购买力增强）。可以将升值认为是你可以用等量的美元兑换更多的外国货币。

问题 1b 中提到的美元相对于欧元来说的贬值和问题 1c 中提到的欧元相对于美元来说的升值之间的差异主要是因为大规模的汇率变动。汇率变动的幅度越大，这个差异就越大。

注意：尽管美元相对于欧元来说贬值的幅度大于美元相对于日元来说升值的幅度，但是有效汇率也是升值的，因为美国和日本的交易额大于美国和欧洲的交易额。

问题 2：沃尔克是一个不爱整洁的商人，经常在波士顿和他的家乡德国慕尼黑之间旅行。他最喜欢的啤酒的价格在波士顿是 2 美元一杯，在慕尼黑是 3 欧元。

2a. 当用同一种货币来衡量时，美国的汇率是多少才能保证两个国家的啤酒价格相同？

2b. 如果目前一美元能够兑换一欧元，那么哪个城市的啤酒价格会更便宜？

提示

当商品的价格和它们国家的货币联系在一起时，母国货币的贬值会使该国所有商品相对于国外商品来说变得更加有竞争力。

2. 实践中的汇率

基本概念

汇率制度描述了政府部门对汇率施加控制所作出的努力。存在的一个极端情况是，政府部门不做任何努力去控制汇率，而是要让外汇市场自由地决定汇率。这种类型的制度被称为浮动汇率制度。存在的另外一个极端情况是，政府部门要施加尽可能多的措施来保证汇率恒定。这种类型的制度被称为固定汇率制度。当观察汇率数据时，我们也能很容易地区分固定汇率制度和浮动汇率制度，因为固定汇率制度是恒定的，然而浮动汇率制度每一天都会有所变化，有时变化幅度比较大。

大部分政府部门实施的汇率政策都是介于这两个极端之间。例如，一个国家可能允许该国的汇率在一个波幅内浮动，但是如果该国的汇率浮动到这个范围之外，这个国家将会采取必要的措施。在汇率制度分类方面存在的另一个问题是，一个国家可能遵循一种固定汇率制度，只有当维持这种制度的成本较高时才会放弃这种制度。在这样的情况下，汇率有时会变得很低，而在出现汇率危机时才会变得很高。

那些想要维持稳定汇率的国家偶尔会采用货币局制度，在这种制度下，政府部门约束自己的行为从而使得难以放弃固定汇率制。甚至有一些国家完全放弃本国货币而采用一种相对稳定的货币。在 2000 年厄瓜多尔将美元作为它的货币就是美元化的一个实例。最后，一些国家结成货币联盟共同分享一个单一货币，以便使联盟中的国家之间不存在汇率变化。例如，共享欧元这种单一货币的欧洲国家数量与日俱增。

关键术语

在关键术语后面的横线上写下你的解释。

汇率制度：____

固定汇率制度：______________________________________

浮动汇率制度：________________

波幅：________________

美元化：________________

货币局：________________

货币联盟：________________

自由浮动汇率制度：________________

有管理的浮动：________________

汇率危机：________________

爬行：________________

复习题

问题 3：假设母国拥有许多贸易伙伴，并且每个贸易伙伴都有它们自己的货币。

3a. 如果每个贸易伙伴允许它们的货币浮动，那么对于母国来说，是否可能针对所有贸易伙伴将它的汇率固定在一个水平上？请解释原因。

____

3b. 如果母国希望降低该国的有效汇率变动范围，那么母国应该选择哪种类型的汇率制度？请解释原因。

____

提示

在这一阶段，对汇率制度的学习主要靠记忆。当考虑一个政府的经济目标以及为了实现这些目标而采取的政策措施时，不同制度之间的区别就变得异常关键了。

3. 外汇市场

基本概念

汇率或者一种货币相对于另一种货币的价格，都是由外汇市场决定的。这个市场将全球的公司和机构用电子化的程序连接在一起，是世界上最大的市场，在这个市场上每天的交易额价值 1.9 万亿美元。外汇交易能够采用多种形式，但是大部分交易都采用即期合约的形式，这种形式的交易能够即时交付外汇，这种即期合约的交易占到总交易的 90%。这种货币汇率被称为即期汇率。

通常新闻报道的都是单一汇率，但是事实上不同个体支付不同的汇率。外汇交易商通报的是他们售出一种特定货币的汇率和他们购买相同货币的汇率。这两个汇率之间的差异被称为差价。这些反映市场摩擦或者交易成本的差价在不同的客户之间是不同的，这些差价在外汇市场主要的参与者商业银行之间是最低的。大部分外汇交易都涉及商业银行之间存款的转账，这种现象被称为银行间交易。在外汇市场上，除了诸如非银行金融机构这些私人参与者之外，政府部门经常介入干预汇率。政府部门偶尔会尝试着通过实施资本控制或者通过买卖外汇的方式干预市场从而压制外汇交易。

最后，外汇市场上存在多种合约形式，包括远期、掉期、期货和期权。这些合约被称为衍生产品，因为它们的价格至少是部分从即期汇率中派生出来的。因为这些合约包括外汇的期货交易，所以允许投资者对冲风险或者通过采取投机行为来承担风险。

关键术语

在关键术语后面的横线上写下你的解释。

外汇市场：______________________________

即期合约：______________________________

即期汇率：______________________________

差价：______________________________

市场摩擦：______________________________

交易成本：______________________________

衍生产品：______________________________

远期：______________________________

掉期：______________________________

期货：______________________________

期权：______________________________

商业银行：______________________________

公司：______________________________

银行间交易：______________________________

非银行金融机构：______________________________

资本控制：______________________________

官方市场：______________________________

黑市：______________________________

干预：______________________________

复习题

问题 4： 为什么个体之间在外汇交易中面临的差价要大于诸如商业银行这样规模大的市场参与者之间在交易中面临的差价？

问题 5： 假设美元和欧元的即期汇率是 1.20，目前 30 天的远期汇率是 1.25。

5a. 你有一项义务，要在 30 天内付给一位法国白酒供应商 1 000 万欧元，并且与美国的经销商签约，向他销售 1 300 万美元的白酒。如果你使用远期市场对冲你的风险，那么你会从中获利多少美元？

5b. 如果你不对冲风险，那么你是否会承担损失？

5c. 假设你拥有一份看涨期权，该期权允许你在 30 天内以 1.27 的汇率购买欧元。请阐述一下你购买这份期权与问题 5a 中使用远期市场相比有什么优势。

5d. 现在假设你是一个面对相同即期汇率和远期汇率的投机者，并且你目前拥有 100 万美元。假设你之前购买了欧元。在 30 天内，美元的即期汇率会变成 1.3。在这项交易中你会获利多少美元或者损失多少美元？

5e. 现在假设即期汇率在接下来的 30 天内保持不变。如果你之前购买了欧元，那么在这项交易中你会获利多少美元或者损失多少美元？

提示

正如你高中时期的科学课程一样，保持单位的统一是非常重要的。如果你在应该相乘的地方做了除法，或者在应该相除的地方做了乘法，那么这样的单位将是错误的。你要认识到自己的错误。

4. 套汇与即期汇率

基本概念

尽管外汇交易商遍布全球，但是光纤电缆、计算机和套利准则联合起来确保世界上只存在一个单一的、统一的外汇市场。例如，假设在纽约一美元兑换的欧元数量比在巴黎一美元兑换的欧元数量要多。一个行动迅速的投资者将会在纽约购买欧元，接下来把它们转移到巴黎，然后在巴黎以较高的汇率将这些欧元卖出。通过低价买入高价卖出的方式，这个投资者就会赚取利润，但是他的这些行为将会使纽约欧元的价格上升，同时会使巴黎欧元的价格下降，这种价格的变动直到两个城市的欧元价格相等为止。

套汇同时也能够保证每一个市场上的所有交叉汇率都相同。假设一个美元投资者想要购买英镑。这个投资者可能直接购买英镑，或者这个投资者也可以用美元兑换欧元，然后再用欧元兑换英镑。如果外汇市场处于一种均衡状态，或者说交易商的交易成本都很低，那么不管这个美元投资者以何种方式获取英镑都是无关紧要的，因为在均衡状态下这个市场的交叉汇率是相同的。也就是说，$E_{\$/£}=E_{\$/€}E_{€/£}$。如果 $E_{\$/£}>E_{\$/€}E_{€/£}$，那么这个美元投资者通过先购买欧元然后再将欧元兑换成英镑的方式得到的英镑比通过直接购买英镑的方式得到的英镑数量要多。接下来，这个投资者可以将英镑兑换成美元，实际上这个投资者就从这个交易中获得了更多的美元。

无论什么时候出现套汇机会，这个市场都会迅速地进行调整以便消除套汇机会。当不存在套汇机会时，也就是所谓的无套汇条件，此时外汇市场就处于一种均衡状态。最后，尽管这个世界上存在 160 多种不同的货币，但是几乎所有的交易行为都被限定使用一小部分发达国家的货币，例如使用美国的货币美元。这是因为像这样的媒介货币能够进行充分的交易，这样所有的交易商都能够买卖这些媒介货币，而那些不能够进行充分交易的货币是不可能做到这一点的。

关键术语

在关键术语后面的横线上写下你的解释。

套汇：______________________________

均衡：______________________________

无套汇条件：__________________________

交叉汇率：___________________________

媒介货币：___________________________

复习题

问题 6：假设 $E_{\$/€}=3/2$，$E_{\$/£}=2$。欧元和英镑之间的交叉汇率应该是多少才能保证不存在套利机会？

a. $E_{€/£}=3/4$。

b. $E_{€/£}=3$。

c. $E_{£/€}=3/4$。

d. $E_{£/€}=1/3$。

问题 7：假设 $E_{¥/\$}=100$，$E_{\$/€}=2$，那么

a. $E_{€/¥}=0.005$。

b. $E_{\$/¥}=0.01$。

c. $E_{¥/€}=200$。

d. 以上全对。

e. 以上全错。

问题 8：假设你拥有 100 万美元。现在你看着计算机上的信息，注意 $E_{\$/£}=2$，$E_{¥/\$}=100$，并且 $E_{¥/£}=220$。如果你现在有时间进行三个快速交易，那么你会从中赚取多少美元的利润？请解释原因。

问题 9：资本控制能否引起两个城市的汇率存在一定的差异？请解释原因。

提示

问题 8 表明当交叉汇率不同时，套汇机会是如何产生的。但是，不要期望以这样的方式赚取利润，除非你拥有一个超级计算机和闪电般的交易速度。

5. 套汇和利率

基本概念

当存在套汇的可能性时，两个相同的项目必须具有相同的价格。在金融市场上，这就意味着两种资产，即使这两种资产的名称不同，但是只要投资者关注的这两种资产的属性相同，那么这两种资产的价格就必须相等。通常来说，一种资产对于投资者来说应该具备三个重要的属性：（1）收益率；（2）流动性；（3）投资风险。如果两种资产的流动性和风险相同，如果投资者可以自由地选择资产类型，那么此时这两种资产应该具备相同的收益率。这本书的大部分内容都假设资产的流动性和投资风险是相同的，这样我们就可以采用简单的无套汇条件进行分析。

为了使用不同的货币类型来比较资产的收益率，也就是资产的价格和收益情况，我们必须区分这些资产用本地货币表示的收益情况和用外币表示的收益情况。例如，国外存款用美元表示的收益等于国外存款的利息率（也就是国外当地的收益）加上在买卖国外存款这个时间差内美元汇率变动的百分比（也就是存款的贬值率）。一个以美元为目标的投资者必须考虑如何将赚取的外汇兑换成美元。

一方面，他们可能会应用远期市场锁定汇率变动百分比。另一方面，他们也可能使用他们在拥有国外存款期间的美元贬值的预期收益率来计算国外资产的预期收益（而不是确定收益）。第一种办法可以避免风险，但是如果投资者只关注预期收益，那么这两种方式在能够作出选择的投资者眼里应该是等价的。

当国内和国外存款的套利与共同货币的预期回报率达到均衡时，开放式的利率平价条件就形成了。例如，如果美国的存款利率是 $i_\$$，而英国的存款利率是 i，那么抛补利率平价条件近似为：

$$i_\$ = i_£ + \Delta E^e_{\$/£}/E_{\$/£}$$

方程等号右边表示对于英国存款来说的美元预期回报率（即本国货币的收益 i 和美元的预期贬值率 $\Delta E^e_{\$/£}/E_{\$/£}$），方程等号左边表示对美国存款来说的美元回报。以外币计价的母国资产回报包括两个组成部分，而以本币计价的母国资产回报只包括一个部分，准确地理解这个问题非常关键。也就是说，如果美国的利率超过英国的利率，那么美元相对于英镑来说预期会贬值。此外，如果一个人知道预期的未来即期汇率，那么他就能够计算出在外汇市场上受欢迎的即期汇率。

关键术语

在关键术语后面的横线上写下你的解释。

远期汇率：____________________

抛补利率平价：____________________

预期汇率：____________________

无抛补利率平价：____________________

回报率：____________________

风险：____________________

流动性：____________________

预期回报率：____________________

预期贬值率：____________________

远期溢价：____________________

复习题

问题 10：假设美国的名义利率是 5%，而欧洲的名义利率是 3%。预期美元会发生的变化是：

a. 升值 8%。

b. 贬值 8%。

c. 升值 2%。

d. 贬值 2%。

e. 贬值 15%。

问题 11： 假设美国的存款利率是每年 5%，而德国的存款利率是每年 3%。美元的即期汇率是 $E_{\$/€}=1.25$。假设你是一个拥有 100 万美元的投资者。

11a. 假设你花掉所有的钱来购买欧元存款。请问这些存款用欧元表示的价值是多少？

11b. 一年之后，请问你拥有多少欧元？

11c. 如果你没有用这 100 万美元来购买欧元存款而是购买了美国存款，那么一年后你拥有多少美元？

11d. 假设国际交易的成本为零，那么一年期的远期汇率是多少时才能保证这两项投资对于你来说没有什么差异？请解释原因。

11e. 为什么说问题 11d 的答案中给出的远期汇率是对未来一年的即期汇率的一个连贯预测值？

11f. 根据问题 11e 的答案，美元的预期贬值率是多少？

11g. 如果美元存款的流动性大于德国存款的流动性，并且美元存款的风险小于德国存款的风险，那么你会如何调整问题 11e 的答案？

问题 12： 假设无抛补利率平价条件成立。在下面的几个问题中，假设除了汇率以外的所有外生变量都保持不变。

12a. 如果英国的利率上涨，那么即期汇率 $E_{\$/£}$ 会发生什么变化？

12b. 如果美国的利率上涨，那么英国存款的美元预期回报会发生什么变化？

12c. 如果美国和英国的汇率都没有发生变化，那么什么原因能够解释美元的突然贬值？请解释原因。

提示

无抛补利率平价条件方程也许是这本国际宏观经济学学习指导书中最重要的一个。你对这个方程的含义理解得越快，你从中获得的收益就会越多。

当给定未来即期汇率的预测值时，这个无抛补利率平价方程可以用来预测即期汇率。也就是说，市场上的当前价格必须反映人们期望的未来即期汇率值。这也是经常出现混乱的渊源所在。

对未来的期望能够瞬间发生变化并且没有任何征兆，当这些期望真的实现时，它们不会立即对经济产生影响。学习如何构建期望是学习宏观经济学的核心。

注意这本书中对利率较低时的近似应用是没有问题的，但是随着利率的上升，这种近似应用的结果会变得很差。

第 3 章　汇率Ⅰ：长期货币理论

概　要

从长远来看，货币供给快速增长的国家也倾向于经历高通货膨胀和货币贬值的过程。这一章介绍了一个将长期的价格水平及汇率和货币条件联系起来的模型，这个模型被称为货币汇率理论。这个货币理论建立在三个假设的基础之上：（1）商品是自由交易的；（2）资产也是自由交易的；（3）价格是完全有弹性的。尤其是最后一个假设条件使这个模型具有明显的长期特性。

因为商品能够在国际市场上自由交易，所以当用同一种货币衡量商品的价格时，这些价格就必须在所有国家都保持相同，这种情况被称为购买力平价(PPP)。因而，当给定每个国家的价格水平时，就要调整长期汇率以保证实现购买力平价。因为资产是自由交易的，所以无抛补利率平价条件成立。当无抛补利率平价和购买力平价同时实现时，一个国家的利率就必须等于世界上的实际利率加上这个国家预期的通货膨胀率。标准的货币理论和价格完全弹性假设这两个条件共同支撑了这个模型。价格和通货膨胀率都依赖于名义货币供给和实际货币需求的水平和汇率变动情况。

因为这个模型依赖价格完全弹性的假设，所以这个模型不适用于短期汇率研究。然而，因为短期的汇率模型依赖于长期汇率的预测值，长期模型是短期汇率模型的一个关键输入因素。

1. 长期汇率和价格：购买力平价和商品市场均衡

基本概念

假设我们所居住的这个世界，是一个商品和服务可以无成本地自由流动，并且价格处于完全弹性状态的世界。在这样的一个世界里，当用同一种货币来衡量时，每个国家的商品和服务的价格都必须是相同的，因为如果每个国家商品和服务的价格不同，套利者就会在价格较低的国家购买商品而在价格较高的国家销售商品。一价定律（LOOP）准确地描述了这一情况。进一步来说，当用同一货币来衡量商品的价格时，给定的任何一篮子商品的价格在每个国家都必须相同。这个观点诠释的就是绝对购买力平价（APPP）。

定义两个国家的一篮子商品和服务的相对价格是很有意义的，这个相对价格可以表示为：

$$q_{\text{Japan/US}}=(E_{\$/¥}\times P_{\text{Japan}})/P_{\text{US}}$$

这个方程中的P_{US}表示美国的一篮子商品和服务用美元表示的价格，P_{Japan}表示日本的一篮子商品和服务用美元表示的价格，$E_{\$/¥}$表示美元和日元的汇率。这个相对价格被称为实际汇率，因为它表述了商品和服务交易的实际汇率而不是名义汇率。当$q_{\text{Japan/US}}$小于1时，表示美国的美元被高估了，因为当$q_{\text{Japan/US}}$小于1时，表示用少于一篮子的美国商品和服务就可以在日本购买同样一篮子的商品和服务。当实际汇率大于1时，表示美元被低估了。只有当实际汇率等于1时，绝对购买力平价的条件才能实现。

即使实际汇率不等于1，与绝对购买力平价类似的概念也会成立，这就是相对购买力平价（RPPP）。相对购买力平价涉及各国之间汇率变化率的差异和各国通货膨胀率的变化率。当实际汇率恒定时，日本价格的变化或者美国价格的变化都会被名义汇率的变化所抵消，这样就可以使得日本商品和美国商品的相对价格保持不变。因此，如果日本的通货膨胀率高于美国的通货膨胀率，以致$P_{\text{Japan}}/P_{\text{US}}$上升，那么$E_{\$/¥}$必须下降相同的程度。

购买力平价的概念非常重要，因为它们给我们提供了一种预测汇率的方法。假设绝对购买力平价的条件可以实现。然后给定日本和美国的价格水平，分别为P_{Japan}和P_{US}，那么使购买力平价条件实现的汇率等于：

$$E_{\$/¥}=P_{\text{US}}/P_{\text{Japan}}$$

在这样一个世界里，我们所需要做的所有事情就是预测汇率水平和价格水平。而在现实世界中，绝对购买力平价是这个世界里许多年或者几十年的一个合理的近似情况，但是它不能够对汇率短期内的变化情况进行解释。这是因为真实的世界涉及很多关于商品国际交易的摩擦，具体包括：(1) 交易成本（比如交易壁垒、关税和配额以及购物成本）；(2) 非贸易商品的存在；(3) 不完全竞争状态的存在影响公司在不同市场的定价能力；(4) 国内价格水平的黏性。尽管它的缺点是能够作为短期汇率的预测，但是绝对购买力平价还是非常有用的，因为它能够对长期汇率的变动情况提供指导，这里的长期被定义为能够使价格实现完全弹性并且能够使企业克服贸易壁垒的一段时期。

关键术语

在关键术语后面的横线上写下你的解释。

汇率的货币理论：________________

一价定律：________________

购买力平价：________________

实际汇率：________________

实际升值：________________

实际贬值：________________

高估：________________

低估：________________

绝对购买力平价：________________

通货膨胀：________________

相对购买力平价：________________

复习题

问题 1：在美国一个苹果的价格是 1 美元，并且汇率 $E_{\$/€}=1.25$。如果苹果的国际交易不存在摩擦，那么在德国一个苹果的价格必须是多少？

____

问题 2：假设在美国枪炮的价格是 200 美元，而医生诊断费用为 150 美元。假设在法国枪炮的价格是 300 欧元，而医生诊断费用为 50 欧元。枪炮和医生诊断在一篮子商品中所占的权重是相同的。

2a. 是否存在一种汇率能够使一价定律对两种商品都有效？

____

2b. 一篮子美国商品的美元价格是多少？

____

2c. 一篮子法国商品的欧元价格是多少？

2d. 如果 $E_{\$/€}=1$，那么能否满足绝对购买力平价的条件？

2e. 假设 $E_{\$/€}$将会上升。这会导致美元的实际升值还是实际贬值？

2f. 给出能够使美元被高估的任何一个汇率 $E_{\$/€}$值。请解释原因。

2g. 相反，如果枪炮在美国一篮子商品中的权重是 3/5，而在法国一篮子商品中的权重只有 2/5，那么当 $E_{\$/€}=1$，能否满足绝对购买力平价的条件？

提示

问题 2 给出了一价定律不能够对所有商品都有效而绝对购买力平价对所有商品都有效的一个实例。问题 2g 得出了不同国家之间价格比较的实际问题：如果不同的国家所比较的一篮子商品是不同的，那么此时不同的汇率比不同的国家比较相同一篮子商品时表现得更加隐蔽。

问题 3：母国的货币（美元）相对于外国的货币贬值率为 5%。母国的通货膨胀率为 8%。外国的通货膨胀率为 2%。母国的实际汇率是升值还是贬值？变动的幅度是多少？

问题 4：（多项选择）假设母国的货币升值 6%，外国的货币升值 1%。那么

a. 母国的实际汇率处于上升状态。

b. 相对购买力平价能够预测明年母国的货币将会兑换更少的外国货币。

c. 母国的实际利率要高于外国的实际利率。

d. 以上答案都不正确。

问题 5：（判断对错。请解释你所给出的答案。）评判下面这一论断：当两个国家中的一个遭受恶性通货膨胀而另一个没有遭遇同样的经历时，相对购买力平价是对现实的一个很好的近似。

问题 6：（多项选择）如果一价定律对所有商品和服务都有效，那么

a. 实际汇率一定等于 1。

b. 绝对购买力平价条件成立。

c. 相对购买力平价条件成立。

d. 所有选项完全正确。

e. 所有选项都不正确。

问题 7：（多项选择）下面这些选项哪些能够解释为什么购买力平价不能对

短期状况起作用?

a. 价格黏性。

b. 政府对商品征收关税。

c. 企业面临着不完全竞争。

d. 所有选项都正确。

e. 所有选项都不正确。

2. 长期货币、价格和汇率：一个简单模型中的货币市场均衡

基本概念

从长期来看，给定有关未来价格水平的信息，购买力平价能够用来预测未来的汇率水平。设计一个有关未来价格水平的模型自然就成为这部分的焦点。从长远来看，价格水平是由货币市场的均衡状态决定的。为了简化分析过程，我们假定中央银行直接决定货币供给量 M。货币需求量 M^d 是由它的三个关键用途决定的：作为价值储存、作为一种记账单位和作为一种交易媒介。特别之处在于，我们依赖货币数量论提出一个需求方程：货币需求量等于价格水平 p 乘以实际产出量 Y，再乘以一个恒量 $\bar{L}$，或者表示为：

$$M^d = P \times Y \times \bar{L}$$

这个观点表示交易商需要一个特定的货币量去实施他们的交易，交易量等于这个经济体的规模 $P \times Y$。在均衡状态下，必须调整价格以便货币需求量等于由中央银行决定的货币供给量。因此，对于美国来说，价格水平应该是

$$P_{US} = \frac{M_{US}}{\bar{L} Y_{US}}$$

类似的方程对于每个国家都是适用的。

通过把绝对购买力平价方程与每个国家的价格方程联系起来，我们就能够得到汇率的货币理论的基本方程：

$$E_{\$/¥} = (M_{US}/M_{Japan}) \left(\frac{\bar{L}_{Japan}}{\bar{L}_{US}} \frac{Y_{Japan}}{Y_{US}}\right)$$

这个方程告诉我们从长远来看，哪些因素能够影响汇率。例如，保持其他因素不变，美国实际产出量的增加将会使得货币需求上升，这样就会降低美国的价格水平。美国价格水平的下降将会使得美元升值。其他相关变量是指这两个国家的货币相对供给量和人们希望保持实际平衡时的实际收入的比例。这个基本方程也可以用一段时期的变化来表示。例如，保持所有其他变量不变，如果美国的货

币供给增长速度快于实际产出的增长速度，那么美元贬值的比率一定等于 M_{US}/Y_{US}增长的比率。

关键术语

在关键术语后面的横线上写下你的解释。

货币：________________

中央银行：________________

货币供给：________________

货币需求：________________

货币数量论：________________

价格水平的货币模型的基本方程：________________

汇率的货币模型的基本方程：________________

复习题

问题 8：母国的货币供给增长 3%，外国的货币供给增长 5%。母国的通货应该：

a. 增值比率为 2%。

b. 增值比率为 3/5%。

c. 贬值比率为 5/3%。

d. 贬值比率为 2%。

e. 以上答案都不正确。

问题 9：在美国，实际产出量为 100 单位，货币需求量等于名义产出量的一半。在日本，实际产出量为 80 单位，货币需求量等于名义产出量的四分之三。美国的货币供给为 25 美元。假设汇率的货币理论成立。

9a. 美国的价格水平是多少？

____

9b. 如果 $E_{\$/¥}=0.1$，那么日本的价格水平是多少？

____

9c. 根据你对问题 9b 的回答，请问日本的货币供给量是多少？

____

问题 10：假设美国的货币每年增长 5%，美国的经济一年增长 3%。假设加拿大的货币每年增长 7%，日本的经济每年缩水 2%。

10a. 美国的通货膨胀率是多少？

____

10b. 加拿大的通货膨胀率是多少？

____

10c. 汇率的货币理论会如何预测加元的变化情况？

提示

汇率的货币理论真的非常简单。从长远来看，购买力平价方程和货币数量论方程均成立。对这个问题的讨论到此为止。

3. 货币理论：影响和证据

基本概念

这一部分展示了货币增长率和汇率变动两者之间联系的证据。正如货币理论所预测的那样，从长远来看，货币增长率和通货膨胀率之间存在一种紧密的正向关系。此外，这部分展示的这些证据说明可以改善上一部分用到的货币理论。在上一部分中，我们假设货币需求与名义产出的比例是固定的。证据表明实际货币需求（M/P）随着通货膨胀率变高而急剧下降。经验证据激励我们推广货币需求模型，下一部分会阐述这些内容。

关键术语

在关键术语后面的横线上写下你的解释。

恶性通货膨胀：____________________

复习题

问题 11：给出下面这个问题的一个直观解释：为什么货币快速增长时期（也就是恶性通货膨胀时期）对实际货币余额的需求会发生错乱？

问题 12：有母国和外国两个国家。假设汇率的货币理论能够准确地预测汇率。如果母国的流动资金需求量恒定，那么母国汇率的影响是什么？这个影响是否会减弱？

4. 长期货币、利息和价格：一个通用的模型

基本概念

在这一部分中，通过使用更加标准和现实的货币需求模型改善了汇率的货币理论。在这一部分，假定流动比率是利率 i 的减函数，而不是假设货币需求与名义产出成不变的比例。在这种情况下，实际货币余额需求可以写成 $\frac{M^d}{P}=L(i)\times Y$，在这个方程中，$L(i)$ 表示流动比率（关于 i 的减函数），Y 表示实际产出量。假设实际货币余额的需求量随着利率下降，这个假设是出于以下逻辑：因为货币不用支付利息，所以存款利率的增加会增加保存货币的机会成本，进而降低对货币的需求。换句话说，如果流动性较弱的资产的收益更高，个人就更加愿意把手持货币的不便之处和这些资产联系在一起。

既然我们已知货币需求方程中的利率，我们需要建立一个模型，以决定当价格处于完全弹性状态时的利率。第一步就是要注意，无抛补利率平价条件将利率差和汇率的预期变动联系在一起，而相对购买力平价和国家之间的通货膨胀率的差异联系在一起。对于母国和外国这两个国家来说，上述陈述意味着：

$$i_H-i_F=\pi_H^e-\pi_F^e$$

从长远来看，如果母国的利率高于外国的利率，那么一定是因为母国的预期通货膨胀率（π_H^e）高于外国的预期通货膨胀率（π_F^e）。这也就是众所周知的费雪效应。

到目前为止，我们仅仅谈到了名义利率，名义利率表示存款的货币收益情况。实际利率是指一项投资的收益情况，也就是我们可以购买多少商品和服务，或者说是等于名义利率减去相对于商品和服务来说预期货币贬值的比率：$r=i-\pi^e$。通过重新排列费雪效应方程，我们发现只要无抛补利率平价和相对购买力平价的条件不变，那么两个国家的实际利率就一定相同，并且等于世界实际利率。金融市场和商品市场上的套利行为导致实际利率平价的存在。对一个国家来说，给定该国的实际利率水平（由世界市场决定），这个国家的名义利率一定等于固定的世界利率 r 和该国的预期通货膨胀率 π^e 之和。从长远来看，通货膨胀率等于货币增长率减去产出量增长率。这样的观察完成了这个模型的构建过程。同时货币政策能够决定：（1）价格水平和通货膨胀率；（2）利率；（3）汇率和贬值率。

相对于上一章所描述的货币理论来说，这个最通用的理论存在两个重要的差别：（1）货币政策的变化改变了名义利率；（2）利率的变化直接影响价格水平和汇率。因此，货币增长率的突然变化导致价格和汇率的下降，这个变化是通

过货币需求的变化发生作用的，反过来货币需求的变化又是由利率的变化引起的。

关键术语

在关键术语后面的横线上写下你的解释。

实际货币需求函数：______

费雪效应：______

实际利率：______

实际利率平价：______

世界实际利率：______

复习题

问题 13：在一个长期均衡中，A 国利率是 10%，B 国利率是 7%。每个国家的实际产出量每年的增长速度是 2%。B 国货币增长率是 6%。

13a. 哪一个国家的通货膨胀率更高？

______

13b. 哪一个国家的实际利率更高？

______

13c. B 国的通货膨胀率是多少？

______

13d. A 国的货币增长率是多少？

______

假设 B 国的中央银行在 T 时期宣布，这个国家从今以后每年的货币增长率将是 2%。

13e. 货币增长率的降低对 T 时期 B 国的名义利率的影响是什么？

______

13f. 货币增长率的降低对流动比率 $L(i)$ 的影响是什么？

______

13g. 货币增长率的降低对 B 国价格水平的影响是什么？

______

13h. 货币增长率的降低对 T 时期 B 国汇率的影响是什么？

______

13i. 在 T 时期之后，B 国的汇率会发生怎样的变化？

______

问题 14：（多项选择）下面这些选项哪些能够解释一个国家汇率的突然贬值？

a. 预期通货膨胀率的下降。

b. 实际产出水平的上升。

c. 货币供给量的下降。

d. 以上选项全部正确。

e. 以上选项全部错误。

问题 15：（多项选择）假设价格处于完全弹性状态。母国的增长速度大于外国的增长速度。每个国家的货币供给量都是固定的。下面这些选项中的哪些是通过货币理论预测出来的？

a. 母国的货币相对于外国的货币来说正处于贬值过程。

b. 两个国家之间的汇率保持不变。

c. 母国的利率低于外国的利率。

d. 以上选项全部错误。

问题 16：想象一个只有母国和外国两个国家的世界。母国的通用货币是美元，外国的通用货币用 blot 来表示。商品和资产的交易可以完全自由地进行。在长期均衡状态中，母国货币供给的增长率为 10%，外国货币供给的增长率为 5%。假设价格是完全弹性的。

16a. 母国的货币升值率或者贬值率是多少？

____

16b. 母国的利率是高于外国利率还是低于外国利率？存在的差异是多少？

假设在 t 时刻，母国的中央银行宣布：从今以后货币的增长率变成 5% 而不是 10%。

____

16c. t 时刻母国的利率会发生什么变化？

____

16d. t 时刻母国的汇率会发生什么变化？

____

16e. 在 t 时刻之后，美元相对于 blot 来说的价值会发生什么变化？

____

提示

在这部分所显示的长期模型中，一个拥有较高通货膨胀率的国家的利率水平也会比较高。利率和通货膨胀率之间的正向关系可能会使那些来自通货膨胀率低的国家的学生感到困惑。记住这个模型是一个长期模型这一点是非常重要的。

更加复杂的货币需求方程只能影响到这个模型中的一些预测结果。货币增长率的上升将同时改变价格和汇率变动比率，但是 T 时刻出现的“跳跃”仅来自对利率的调整。

5. 货币制度和汇率制度

基本概念

较高和/或波动性较大的通货膨胀率，或者只满足其中一个条件通货膨胀率就易于破坏经济发展并且阻碍经济的长期增长。为此，许多国家都会设定一个通货膨胀目标，并且调整它们的货币政策以便实现这个通货膨胀目标。为了满足长期目标的要求，政府部门经常选择一种以名义锚为特征的货币制度。政府部门选择一个名义变量来约束价格的通货膨胀率和其他名义变量。

这里考虑了三个潜在的名义锚。第一个名义锚是由相对购买力平价条件所激发的。重新排列基本的相对购买力平价方程就可以得到：

$$\pi_{\mathrm{H}}=\frac{\Delta E_{\mathrm{H/F}}}{E_{\mathrm{H/F}}}+\pi_{\mathrm{F}}$$

虽然母国政府对外国的通货膨胀率没有限制的权利，但是它可以限定该国的通货相对于外国的通货来说升值或者贬值的比率。在这种情况下，政府部门会选择实施汇率目标。例如，一个政府部门能够固定该国和一个低通货膨胀国家之间的汇率，这样母国的通货膨胀率就会变得与外国的通货膨胀率相等。第二个名义锚是名义货币供给的增长。价格水平的基本方程表明通货膨胀率为：

$$\pi_{\mathrm{H}}=\mu_{\mathrm{H}}-g_{\mathrm{H}}$$

这个方程中的 g_{H} 表示实际产出量的增长率，μ_{H} 表示名义锚，也就是货币供给的增长率。在这样的情况下，政府部门制定一个货币供给目标。

最后，费雪效应揭示了另外一个名义锚，也就是名义利率。因为名义利率等于实际利率加上通货膨胀率，又因为实际利率是根据政府部门观察问题的视角决定的，所以政府部门能够控制名义利率（也就是通货膨胀率加上目标利率），同时也能够控制通货膨胀率。

政府部门在寻求一种以名义锚为特征的货币政策时所面临的一个关键问题就是这个政府部门必须致力于实现它的目标。这意味着选择以名义锚为特征的货币政策的国家，从长期来看要牺牲货币政策的自主权。为了寻求到这样的一种货币政策（这样的政策经常带有负面的短期政治影响），经常要求中央银行具有独立性，这样政府官员就不能命令中央银行调整它们的政策措施。

关键术语

在关键术语后面的横线上写下你的解释。

通货膨胀目标：____

名义锚：________________

货币制度：________________

汇率目标：________________

货币供给目标：________________

通货膨胀目标加利率政策：________________

中央银行独立性：________________

复习题

问题 17：假设母国经济的增长率为 3%，而外国的通货膨胀率为 5%。母国通货膨胀目标为 2%。

17a. 母国的汇率目标是多少才能保证母国实现它的通货膨胀目标？

____

17b. 母国的货币供给目标是多少才能保证母国实现它的通货膨胀目标？

____

17c. 如果外国的利率是 8%，那么政府部门规定的利率目标是多少才能实现它的通货膨胀目标？

____

17d. 如果实际产出量的增长率下降到 1%，那么政府部门会如何调整它的名义锚政策措施？考虑所有三个名义锚的情况。

____

第 4 章　汇率Ⅱ：短期资产理论

概　要

汇率理论建立在两个有关套利的论点之上。首先，如果资产能够参与国际交易，那么当用同一种货币来衡量时，每个国家存款的预期收益都应该是相同的。其次，如果能够从不同的国家采购商品和服务，那么当用同一种货币衡量时，就必须对汇率进行调整以便每个国家所给定的一篮子商品和服务的价格是相同的。第一个套利条件，也就是无抛补利率平价条件（UIP），在任何时候都是适用的。当给定不同国家的存款利率时，无抛补利率平价向我们揭示了，在一个特定的时间范围内，一种通货预期的变动价值是多少。但是无抛补利率平价并不能揭示预期的汇率水平。第二个套利条件就是购买力平价（PPP），这个条件被假定为只能应用于已经过去的时间范围。当给定长期的预期价格水平时，购买力平价向我们揭示了从长远来看的预期汇率水平。只有同时使用这两个套利条件，我们才能够预测各种经济冲击对即期汇率水平的影响。

为了能够充分地应用每个套利条件，我们需要具备预测货币现象的能力。为了应用购买力平价条件来预测预期汇率，我们需要具备预测预期价格水平的能力。为了能够应用无抛补利率平价条件（与购买力平价条件结合使用）来预测即期汇率，我们需要具备预测短期利率的能力。通过假设价格水平在短期内是黏性的，但是价格水平在长时期内是完全弹性的，我们可以在研究货币市场时应用相同的均衡方程来预测经济波动对短期利率和长期价格水平的影响。

自被提出以来，我们所完成的这个汇率决定理论显示出，永久货币和经济冲击对汇率的影响要远远大于暂时货币和经济冲击对汇率的影响。也就是说，永久的冲击导致外汇市场上出现夸张的汇率变动情况，正是汇率的夸张变动使得汇率超越了它的新的长期水平。最后，我们的理论能够被用来证明国际经济中的一些基本结果：允许金融资产参与自由贸易的国家，不能同时独立地制定有关汇率和货币供给方面的目标。

1. 短期汇率和短期利率：无抛补利率平价和外汇市场均衡

基本概念

汇率的资产理论建立在国际市场上有关金融资产套利行为的观点之上。根据无抛补利率平价条件，金融资产的国际贸易自由化导致以不同货币定价的存款的共同货币收益是相同的。下面我们以美国和欧洲为例来说明这个情况，无抛补利率平价条件可表示为：

$$i_{\$}=i_{€}+(E^{e}_{\$/€}-E_{\$/€})/E_{\$/€}$$

这个方程表明用美元表示的欧洲存款的预期收益（方程右边的含义）和美国存款的预期收益（方程左边的含义）是相同的。这个方程也可以被改写成：

$$E_{\$/€}=E^{e}_{\$/€}/(1+i_{\$}-i_{€})$$

这个无抛补利率平价方程是汇率的资产理论的基本方程，因为这个方程将目前的即期汇率 $E_{\$/€}$ 预测为包含三个不同货币变量的一个函数，这三个不同货币变量为：(1) 母国利率 $i_{\$}$；(2) 外国利率 $i_{€}$；(3) 母国和外国两种通货之间的预期未来即期汇率 $E^{e}_{\$/€}$。如果一个投资者能够预测这三个货币变量，那么这个投资者就能够预测汇率。外汇市场图以表格的形式传达了下面这个信息：给出利率和预期的未来汇率，就会只存在一个能够使得母国收益和外国收益相等的汇率值。

关键术语

在关键术语后面的横线上写下你的解释。

汇率的资产理论：________________________________

汇率的资产理论的基本方程：________________________

外汇市场图：__________________________________

复习题

问题 1：假设美国的名义利率是 5%，而欧洲的名义利率是 3%。期望美元会发生的变化是：

a. 升值 8%。

b. 贬值 8%。

c. 升值 2%。

d. 贬值 2%。

e. 以上答案都不正确。

问题 2：假设美国一年期的存款利率是 4%，而欧盟一年期的存款利率是 2%。假设无抛补利率平价条件成立。

2a. 在接下来的一年中，美元相对于欧元来说预期贬值的幅度是多少？

____

2b. 如果目前美元和欧元的汇率是 1，那么外汇市场预期明年的即期汇率是多少？

____

2c. 假设在 T 时刻，美国的利率增长到 5%。明年美元贬值的预期利率是增加还是下降？请解释原因。

____

2d. 如果在 T 时刻利率增加以后，即期汇率的未来预期值没有发生变化，那么 T 时刻的即期汇率会发生什么变化？

____

2c. 在下图中，画出作为美国利率变化之前和变化之后的美国汇率的函数的美国资产和欧洲资产的预期美元收益情况。

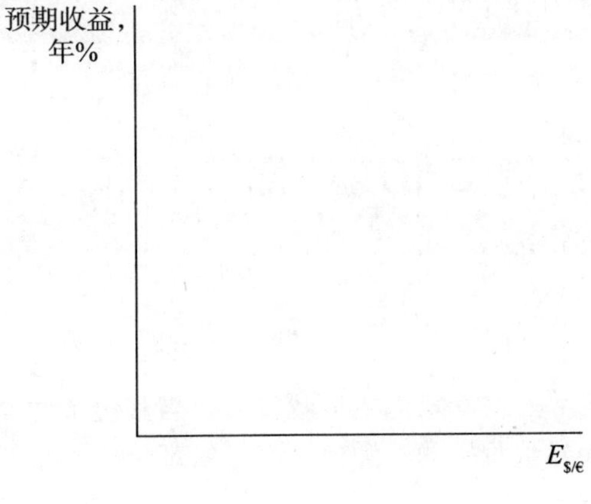

假设美国的利率是每年 4%，而欧洲起始的利率是每年 2%。在 T 时刻，欧洲的利率上升到每年 3%。

2f. 在 T 时刻，美元的预期贬值率是上升还是下降？请解释原因。

2g. 如果在 T 时刻预期未来即期汇率保持不变，那么目前即期汇率将会发生什么变化？请解释原因。

2h. 在下图中，画出作为欧洲利率变化之前和变化之后的美国汇率的函数的美国资产和欧洲资产的预期美元收益情况。

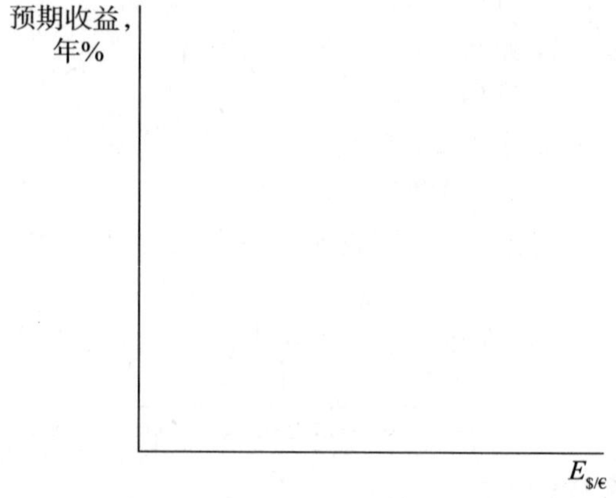

提示

问题 2 突出强调了外汇市场均衡状态的一个重要特征。当美国利率上升时，美元就会升值，但是美国利率的上升也会引起第二年美元预期贬值率的上升。

上面提到的这些图表可能看起来像是供给和需求的图表，但是实际上它们不是。如果一种资产的收益高于另一种资产的收益，那么每个人都会倾向于持有这种高收益率的资产，此时市场必须对此进行调整。

请注意教科书中不厌其烦地详细讲述到无抛补利率平价的概念。这足以表明这个概念的重要性。

2. 短期利率：货币市场均衡

基本概念

经济学家们很早就发现，当其他条件保持不变时，货币供给量的增加最终将会导致价格的上涨。他们也发现价格调整的过程会非常缓慢，可以在短期内将价格合理地看成是固定不变的。在这一部分，我们将探索汇率模型的短期名义刚性的重要含义。

货币市场的均衡状态（无论是长期还是短期）要求实际货币余额供给要和实际货币余额需求相等，即表示为：$\frac{M}{P}=L(i)Y$。如果短期内的价格水平 P 和实际产出量 Y 是固定不变的，那么货币市场的均衡要求对利率进行调整，以便人们愿意持有中央银行提供的货币量（M）。货币供给量 M 的暂时增加不会对价格 P 产生长期影响，但是它的增加必定会降低利率。而货币供给量的永久增加也必定会在短期内降低利率水平，因为短期内的价格是固定不变的，即使从长远来看价格会上涨（也就是可能引起通货膨胀）。注意产出量 Y 的暂时或者永久变化会对货币供给量 M 的暂时或永久变化产生相反的影响。

关键术语

在关键术语后面的横线上写下你的解释。

名义刚性：______________________________

复习题

问题 3： 考虑这样一种情况：一个国家的货币供给量 M 和实际国内生产总值 GDP(Y) 在很长一段时期内保持不变。在 T 时刻，货币供给量 M 突然增加了 10%，而在时刻 T 之后，货币供给量保持不变。假设短期内的价格具有黏性。

3a. 在 T 时刻，货币供给量 M 的增加会对价格产生什么影响？

____

3b. 在 T 时刻，货币供给量 M 的增加会对利率产生什么影响？应用下面的图回答这个问题。

____

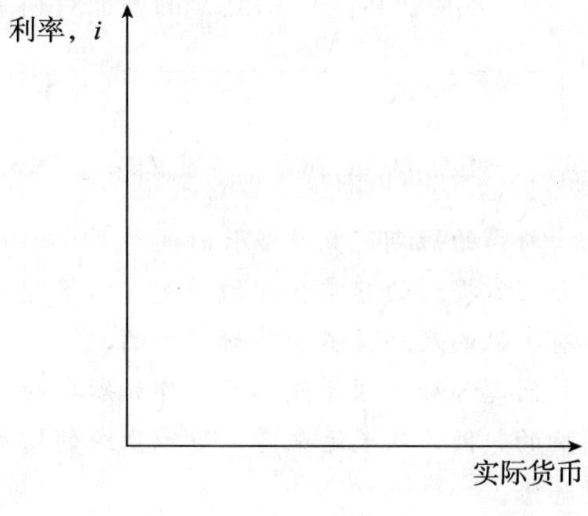

3c. 货币供给量 M 的增加对价格水平的长期影响是什么？

3d. 货币供给量 M 的增加对利率的长期影响是什么？

问题 4： 考虑这样一种情况：一个国家的货币供给量 M 和实际国内生产总值 GDP(Y) 在很长一段时期内保持不变。在 T 时刻，实际国内生产总值 Y 突然增加了 10%，而在 T 时刻之后，实际国内生产总值保持不变。假设短期内的价格具有黏性。

4a. 在 T 时刻，实际国内生产总值 Y 的增加会对价格产生什么影响？

4b. 在 T 时刻，实际国内生产总值 Y 的增加会对利率产生什么影响？应用下面的图回答这个问题。

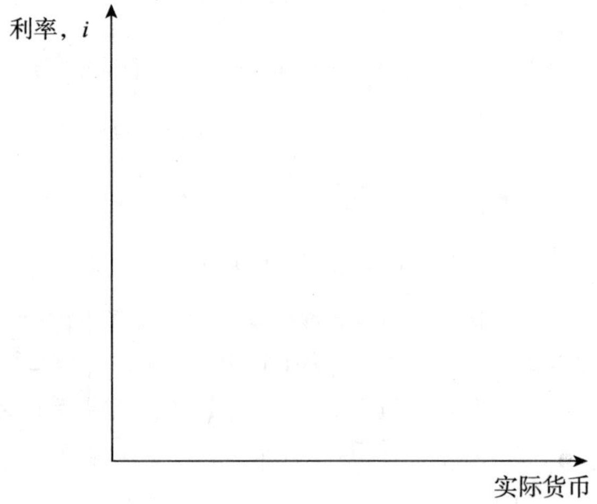

4c. 实际国内生产总值 Y 的增加对价格水平的长期影响是什么？

4d. 实际国内生产总值 Y 的增加对利率的长期影响是什么？

提示

所谓的短期究竟是多长时间？所谓的长期究竟是多短时间？这些问题都是学生会经常提到的非常合理的问题。回答这些问题并没有那么容易，因为保证价格具有黏性的尺度是不能很好把握的。

问题 3 和问题 4 强调了长期和短期的差异。注意在利率问题上是不存在长期影响的，因为从长远来看，货币供给的增加预期为零，所以就不会存在长期的通货膨胀。

请注意在问题3和问题4中，从短期来看，实际利率和名义利率变动的方向是相同的，因为费雪效应只能在长期问题中奏效。

3. 资产理论：应用步骤和证据

基本概念

在这一部分中，无抛补利率平价条件（或者称为汇率资产理论的基本方程）与货币市场均衡条件是联系在一起的，这样做的目的就是考虑货币供给的暂时变化对汇率产生的影响。因为货币供给的变化是暂时的，从长远来看是不会产生影响的，所以货币供给的暂时变化对预期未来即期汇率是不会产生影响的。然而，因为在短期内价格水平保持不变，所以两个国家中任何一个国家的货币供给或者实际产出量的变化都会引起利率差异的变化，这样的变化也会通过无抛补利率平价条件来影响当前的即期汇率。

复习题

问题5：应用下面的图展示出母国货币供给的暂时增加对该国利率和汇率的影响。（所有名义变量都用母国的美元来表示。）请对你所给出的图表进行解释。

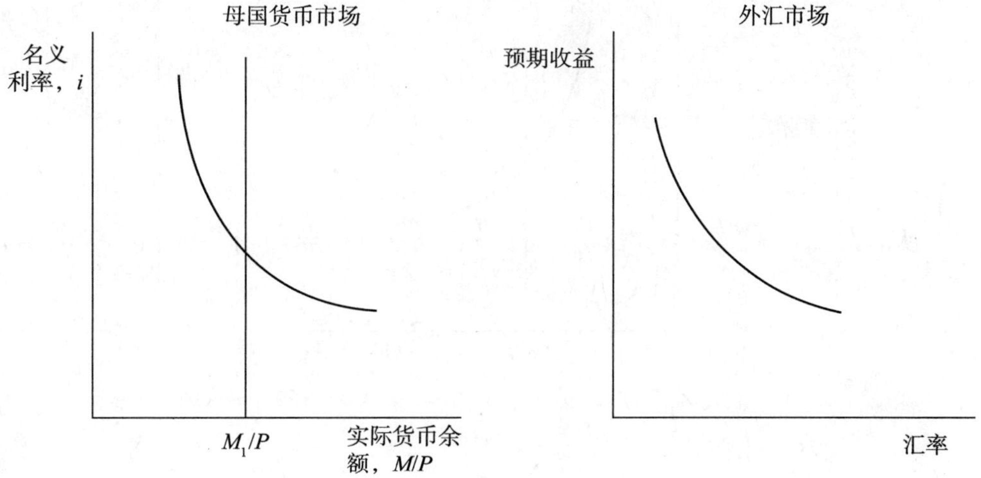

问题 6：应用下面的图展示出母国国内生产总值 GDP(*Y*) 的暂时增加对该国利率和汇率的影响。请对你所给出的图表进行解释。

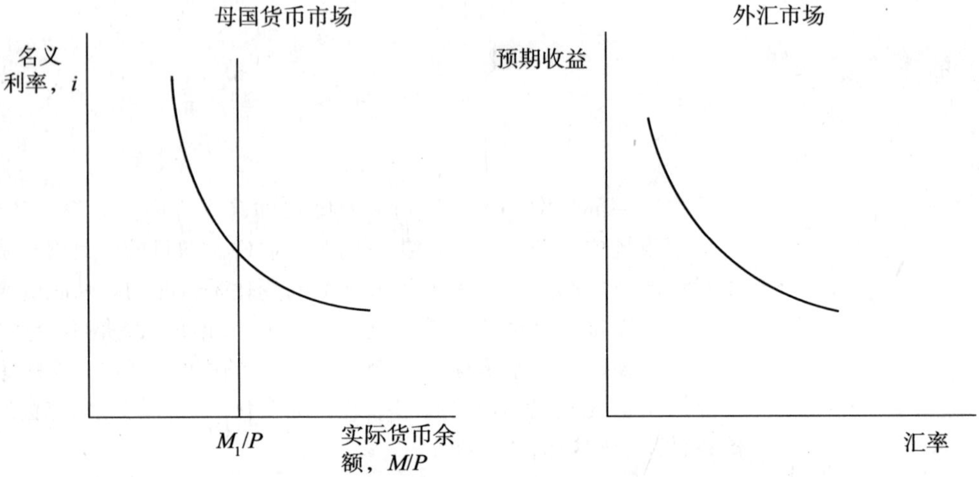

问题 7：应用下面的图展示出外国国内生产总值 GDP(*Y*) 的暂时增加对该国利率和汇率的影响。（外国的货币也是用母国的美元来表示。）请对你所给出的图表进行解释。

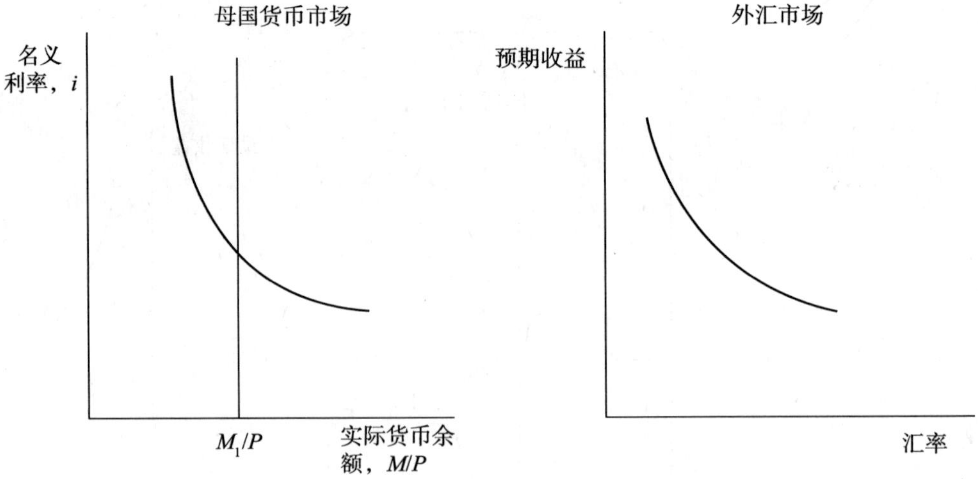

提示

因为资本控制可以防止在预期收益中进行套利，所以资本控制中断了利率和汇率之间的联系。

将“暂时性”这个词语引入每一个方程中是非常关键的一件事情。永久性的变化将改变对未来的预期，也将会对汇率产生一个额外的影响，这些内容将在下一部分学到。

这些问题也突出了这样一个事实，实际货币余额供给（M/P）的短暂冲击产生的影响和由国内生产总值 Y 的变化引起的实际货币余额需求的短暂冲击产生的影响是相同的。

有时媒体声称：强大的经济体具有很强的货币实力。上面提到的问题理顺了这种类型的论断。实际产出量的增加助涨了货币需求，这样的变化引起货币的升值。

4. 一个完整理论体系：货币统一和资产理论

基本概念

这个完整的理论体系应用母国和外国货币市场的均衡条件来求解汇率资产理论的基本方程中的三个变量。从短期来看，货币均衡条件和价格黏性共同决定每个国家的利率水平。从长远来看，货币均衡条件和费雪效应共同决定每个国家的预期价格水平，并且购买力平价条件将预期价格水平解释为预期未来即期汇率。

这个完整模型的优势在于它能够让我们应用它来分析永久性冲击对货币供给或者对实际产出量的影响。永久性冲击和暂时性冲击对利率的短期影响是相同的。例如，从短期来看，母国货币供给的持续增长会降低母国存款的利率水平。货币供给的持续增加（或者实际产出量的降低）一定也会增加长期的价格水平，所以从长远来看一定会提高汇率（也就是说会贬值）。在这样的情况下，外汇套利者立即预测汇率会发生如下长期变化：在利率下降的同时，预期未来的即期汇率会上升。因此，汇率对货币供给永久性增加作出的即刻反应的短期影响和长期影响之间会相互强化，这样变化的结果就会导致汇率的急剧波动。紧随汇率出现的缓慢升值过程，汇率会发生一个急剧贬值过程，从而使汇率达到一个新的水平，这个过程说明短期影响已经消失。因此，这个完整的模型预测货币供给的永久性冲击导致汇率超越它新的长期水平。这个模型的一个直接含义就是那些没有实施名义锚的国家更容易经历汇率的大幅波动。

关键术语

在关键术语后面的横线上写下你的解释。

超调：______

复习题

问题 8：判断对错或者不确定。请解释你的答案。

8a. 如果价格是完全有弹性的，那么汇率就永远不会超调。

______

8b. 假设美元急剧贬值。这是否暗示美国的预期通货膨胀率会上升？

______

8c. 利率的上升是否预示汇率的升值？

______

问题 9：思考美元和欧元之间的汇率。假设美国和欧洲的流动性函数 $L(i)$ 是相同的。起初美国和欧洲都处于长期均衡状态。美国的货币供给量为1 000美元，而美国的实际国内生产总值为 10 000 单位。美国的价格水平在这个长期均衡条件中是每单位产出 1 美元。欧洲的货币供给量为 500 欧元，而欧洲的实际国内生产总值为 5 000 单位。在 T 时刻，美国永久性地将它的货币供给量提高到 1 500 美元。在 T 时刻，美国的利率从 5%下降到 2%。

9a. 在 T 时刻之前的汇率是多少？

______

9b. T 时刻（在货币供给永久性增加之后）的预期未来即期汇率是多少？

______

9c. 在 T 时刻之前和之后欧洲的利率各是多少？

______

9d. 在 T 时刻之后，美元贬值或者升值的预期比率是多少？

______

9e. 在 T 时刻，紧随美国货币供给的永久性增加，汇率会发生什么变化？

______

问题 10：假设超调模型能够很好地描述美元和欧元之间的即期汇率。当美国的国内生产总值持续增加时，这些国家就处于一种长期均衡状态。其他外生变量保持不变。

10a. 这个冲击对美国利率和目前的即期汇率产生的即刻影响是什么？使用下面的图来回答这个问题。

______

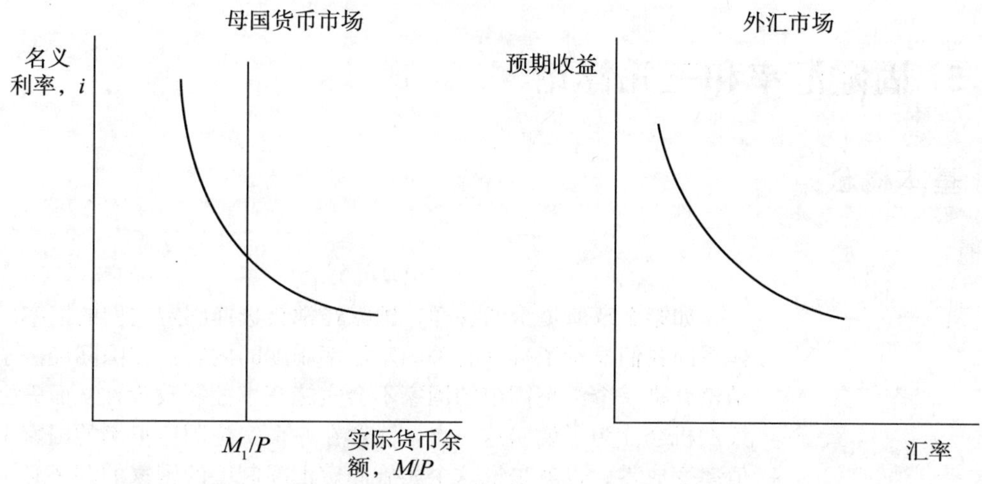

10b. 从长期来看，这个冲击对美国利率、美国的价格水平和即期汇率会产生什么影响？使用下面的图来回答这个问题。

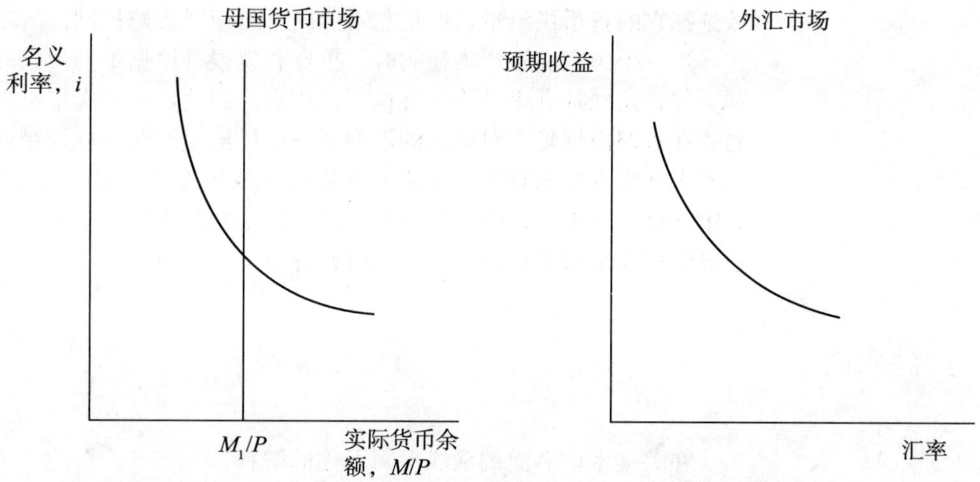

提示

请注意这一章的问题没有考虑像第 3 章提到的长期通货膨胀问题。这大大地简化了问题，因为长期利率不会改变。

问题 9 使用具体的数字说明汇率的超调。

问题 9 和问题 10 是一种包含关系，但是这两个问题都充分利用了这一章所讨论的大多数概念。如果你能够理解每一步，那么说明你取得了很大的进步。

5. 固定汇率和三元悖论

基本概念

如第 2 章所提示的一样，国家经常会选择固定它们的汇率。这个完整的理论体系向我们显示了哪些有关固定汇率制度的内容？在国际经济学中，一个关键的结论就是一个汇率固定的国家不会实施资本控制政策，从而失去掌控它的货币政策的机会。为了说明这一点，注意在一个实施固定汇率的国家中，汇率的预期贬值率变成零。也就是说这个实施固定汇率制度的国家的利率必须严格地等于国外利率水平。教科书中给出了实践中发生的这样的情况：当丹麦将它的通货规定为欧元时，丹麦的利率水平收敛到欧盟的利率水平。应用货币需求方程就会很明显地发现一个实施固定汇率制度的国家不会在短期内对货币供给实施管制，这是因为只存在一个能够使该国的利率和国外利率相等的货币供给量。总之，一个保持资本自由流动的国家面临着一个两难困境：它要么选择它所实施的汇率制度，要么选择它的货币供给量，但是它不能同时对两者实施控制。

当一个国家实施资本控制时，投资者就很难根据不同国家的利率差来进行套利，并且无抛补利率平价条件也不再成立。因此，一个实施资本控制的国家至少能够在短期内恢复它对该国的汇率和货币供给量同时实施控制的权力。为什么国家不实施资本控制政策？国家能够从与世界上其他国家的买卖活动中受益。（这是第 6 章要详细讨论的一个主题。）因此，这就存在一个三元悖论。不可能同时选择汇率和货币供给量，并且同时允许资本自由流动。

关键术语

在关键术语后面的横线上写下你的解释。

三元悖论：______________________________

复习题

问题 11： 假设从长期来看，购买力平价条件成立。从长期来看，一个实施资本控制的国家是否能够同时对汇率和货币供给实施控制？请解释原因。

____

问题 12： 假设母国采用与外国货币挂钩的货币。母国和外国允许资产自由流动。

12a. 如果外国的利率上升，那么母国的利率会发生什么变化？

12b. 假设母国的国民产出 Y 增加。母国的货币供给一定会发生什么变化？

提示

问题 11 证明了这样一个观点：分别对货币供给和汇率实施管制只与短期相关。从长期来看，购买力平价通过一个与价格相关的货币供给函数来束缚汇率的变化。

第3部分

国际收支

第 5 章 国民账户与国际账户：收入、财富和国际收支

概 要

健全的经济政策依赖于对经济现象的认真测量。国民收入与产出账户和国际收支是两个错综复杂的账户体系，这两个账户体系被用来跟踪经济体内和经济体之间的国际收支的循环流动情况。本章解释了这些重要的账户概念并应用它们来分析国际经济系统的特征。本章首先推导出一系列恒等式，这些恒等式将国民收入和国民支出联系起来，并且将国民收入与国外的交易联系起来。国民收入恒等式将在这本书后面的宏观经济分析中发挥关键的作用。

国际收支账户总结了一个国家和世界上其他国家进行的交易情况。因为每笔交易都涉及两个价值相等的项目的交易，这样每个贷方都和借方相互抵消，所以国际收支账户是平衡的。国际收支能够被用来分析一个国家是如何对其支出和产出缺口进行融资的。被记录在国际收支中的金融流动是国家外部财富演变的一部分。一个支出始终小于产出的国家将会见证该国财富的增加。一个支出始终大于产出的国家将会见证该国财富的减少。最后，将会分析国家外部财富的资本收益和损失的重要性。

这一章的词汇量非常密集，需要一个持续的记忆过程。本章的主题非常重要，因为有关真实世界现象的经济分析需要明智的测量，因而这一章通过研究一系列案例来证明了这一点。

1. 测量宏观经济活动：概述

基本概念

这部分概要地叙述了账户系统，宏观经济学家应用这些账户来追踪经济活动。为了介绍这些账户概念，这一章以封闭经济体（即一个与外界没有联系的经济体）的一个简单案例作为开端。在一个封闭经济体中，一个人很容易理解支出的循环流动过程。在一个封闭经济体的国民收入与产出账户里，消费者购买商品和服务的消费额度，或者国民总支出（GNE），与创造的商品和服务的价值，或者国内生产总值（GDP）相等。国内生产总值是那些通过消耗经济体的生产要素而进行的生产过程的每一个阶段所创造的增加值的加总。而国民总收入（GNI）是指国内居民所获取的收入。完成这个支付的循环过程，我们发现国民总支出是由国民总收入来进行支付的。

在一个开放经济体中，这个开放经济体与世界上其他经济体的联系发生在支出的循环流动的每一个阶段。并不是所有关于商品和服务的支出都是花费在本国生产的商品和服务上。例如，花费在一些进口产品上的费用下降，然而最终产出的一些价值作为出口产品而被运往国外。国民总支出和国内生产总值之间的差额等于出口产品和进口产品之间的差额，这个差额被称为贸易余额。在一个开放经济体中，国内生产总值和国民总收入趋于不同的原因是，国内产出的一些价值要归属于国外要素所有者，例如跨国公司在本国的子公司或者是那些在国内工作的外国人（要素服务进口的一个示例）；还有在国外工作的本国要素所创造的一部分国民收入，例如给外国人提供助学贷款所支付的利息（要素服务出口的一个示例）。因此，国民总收入等于国内生产总值加上来自国外的净要素收入（NFIA）。最后，因为可能要么是把一部分收入支付给外国居民，要么是把外国居民的一部分收入转移给本国居民（净单边转移，NUT），所以要对可支配收入进行调整。开放经济体的一个关键特征是资本的国际交易允许一个国家的国民总支出超过国民可支配总收入（GNDI）（净借入），反之亦然（净借出）。

能够说明国民总支出和国民可支配总收入的直接差异的大量国际交易，加总起来就形成了经常账户平衡体系。一个支出大于收入的国家是如何承担这些费用的？答案就是这些额外的支出是通过将资产出售给外国居民来负担的。国民可支配总收入和国民总支出之间的差异等于金融账户和资本账户之和。国内支出的循环流动（国民收入与产出账户）要求经常账户等于金融账户和资本账户之和。

关键术语

在关键术语后面的横线上写下你的解释。

国民总支出（GNE）：______________________________

增加值：______________________________

国内生产总值（GDP）：______________________________

国民总收入（GNI）：______________________________

进口（IM）：______________________________

出口（EX）：______________________________

贸易余额（TB）：______________________________

要素服务进口（IM_{FS}）：______________________________

要素服务出口（EX_{FS}）：______________________________

来自国外的净要素收入（NFIA）：______________________________

净单边转移（NUT）：______________________________

国民可支配总收入（GNDI）：______________________________

经常账户（CA）：______________________________

资产出口（EX_A）：______________________________

资产进口（IM_A）：______________________________

金融账户（FA）：______________________________

资本账户（KA）：______________________________

国民收入与产出账户：______________________________

国际收支账户：______________________________

复习题

问题 1： 判断正误。请解释你所给出的答案。

1a. 一个国家如果它的国民总支出超过它的国内生产总值，那么这个国家就一定是一个净资产出口国。

____

1b. 如果一个国家没有参与与世界上其他国家的交易活动，那么这个国家的国民总支出一定等于这个国家的国内生产总值。

____

1c. 一个国家的国内生产总值等于这个国家所有企业的销售价值之和。

____

1d. 经常账户余额等于国民可支配总收入和国民总支出之间的差额。

____

提示

教科书中的图5—2是有助于理解国民收入与产出账户以及国际收支账户的一个很好的资源。如果你理解并记住了这个图，那么你将会很容易地学好这一章的内容。

在那些美好的逝去时光中，金融账户和资本账户一起被称为资本账户。许多教师都会使用过去的术语来理解现在的问题，并且也可能将这些术语引入他们的课堂中。

2. 国民账户：产出法、支出法和收入法

基本概念

这一部分详细地描述了被称为国民账户的大量经济活动的总体措施是如何形成的，并且提供了如何应用这些措施的一个有效方式。在一个封闭经济体中，能够通过三个均衡条件来测量集成经济活动。支出法计量了这个经济体中所有用于支付最终产品和服务的费用（也就是国民总支出）；产出法测量了由国内企业所生产的最终产品的总价值（也就是国内生产总值）；收入法测量了这个经济体支付给各种生产要素所有者的总收入（也就是国民可支配总收入）。在一个开放经济体中，国民总支出、国内生产总值和国民可支配总收入彼此之间存在一定差异，因为本国经济和世界上其他国家之间存在流动性。这些测量方法在教科书中被定义为一系列恒等式。例如，国内生产总值（GDP）恒等式为：$\text{GDP}=\text{GNE}+TB$，这里的 TB 表示贸易余额；国民可支配总收入恒等式（也被称为国民收入恒等式）被定义为：$\text{GNDI}=Y=C+I+G+CA=\text{GNE}+CA$，这里 CA 表示经常账户余额。国民收入恒等式是大量国民福利测量方法中最有意义的一个恒等式，因为它与国民可获得的资源联系最为紧密。

这些恒等式证明：政府部门必须准确地测量一个国家与外国之间进行的交易（可以运用贸易余额、净要素收入账户和单边转移这些信息），以此来测量国家福利的变动情况。教科书中给出的一个用来说明国内生产总值和国民可支配总收入之间是如何产生差异的重要例子就是爱尔兰的经历。因为爱尔兰制造业中的大部分行业都由外国跨国公司承办，所以爱尔兰的国内生产总值非常巨大，并且国内生产总值的增长率一贯高于爱尔兰的国民可支配总收入的增长率。

另外一个能够从国民收入恒等式中派生出来的重要的恒等式是经常账户恒等式：

$$S=I+CA$$

这个恒等式表明一个国家的国民储蓄（$S=Y-C-G$）一定要等于投资（I）和经常账户余额之和。一个国家如果想降低它的经常账户的赤字额，那么这个国家就一定要增加它的储蓄或者降低它的投资。储蓄能够被分解为私人储蓄（$Y-C-T$）和政府储蓄（$G-T$）两部分。以美国为例，它的经常账户赤字的规模大幅上升是由私人储蓄和政府储蓄的共同下降引起的，而投资规模大体保持不变。

关键术语

在关键术语后面的横线上写下你的解释。

支出法：________________

产出法：________________

收入法：________________

国内生产总值（GDP）恒等式：________________

国民总收入（GNI）恒等式：________________

国民可支配总收入（GNDI）恒等式：________________

国民收入恒等式：________________

国民储蓄：________________

经常账户恒等式：________________

私人储蓄：________________

政府储蓄：________________

复习题

问题 2：如果一个国家的许多居民都到国外去工作，那么你预期这个国家的国民可支配总收入是大于还是小于国内生产总值？请解释原因。

____

问题 3：保持总需求的其他组成部分不变，投资额的增加对经常账户余额会产生什么影响？

____

问题 4：一个国家的国内生产总值能否既超过它的国民总支出，又超过它的国民总收入？

____

问题 5：考虑下面这个虚拟国家 2006 年的一些总数据：$I=10$，$C=80$，$G=10$，并且这个国家的国民可支配总收入为 95。

5a. 这个国家的国民总支出是多少？

____

5b. 这个国家的国民储蓄是多少？

____

5c. 这个国家的经常账户余额是多少?

5d. 这个国家是资产净出口国还是资产净进口国?

问题 6：一个国家的人口出生率会如何影响这个国家的经常账户?

问题 7：构想存在这样一个世界，在这个世界里所有的国家除了一个国家具有不寻常的产品投资环境外，其他方面都是相同的。你预期这个国家的经常账户是盈余还是亏损?

问题 8：判断正误或者不确定。请解释你所给出的答案。

8a. 保持经济体中所有变量都不变，政府支出的降低能够缩减经常账户的赤字（或者扩大经常账户的盈余）。

8b. 对经济体中的所有变量进行调整之后，政府支出的降低能够缩减经常账户的赤字（或者扩大经常账户的盈余）。

问题 9：（多项选择）母国国内生产总值的增长幅度大于它的国民可支配总收入的增长幅度。以下哪些选项可能解释这一现象?

a. 母国得到来自一个外国政府的资助。

b. 一个外国跨国公司的子公司已经在母国进行生产活动。

c. 母国中的许多工人都在外国工作。

d. 以上选项全部正确。

e. 以上选项都不正确。

3. 国际收支账户：国际交易

基本概念

国民收入账户包括所有涉及产品、服务、要素服务的国际交易和非市场交易。所有国际交易包括金融资产的交易和资本转移，这些都被记录在一个国家的国际收支账户里。因为上一部分已经详细地介绍了经常账户，所以这一部分的重点就是介绍资产的国际交易。存在两种类型的资产出口形式。第一，本国居民能够将母国债权出售给外国人（这样就会增加这个国家的对外负债）。第二，本国居民能够将外国债权出售给外国人（这样就会减少这个国家的对外资产）。类似地，本国居民能够通过回购本国债权或者通过购买外国债权的形式进口资产。在资产交易过程中发生的实际运动是指一项资产从一个国家的所有者手里流向另外一个国家的运动。资本账户的运动方式类似，但是资本账户包括资本转移而不是市场交易。

现在我们来考虑产品、服务和收入的流动和资产之间的关系。通过建立国民账户的方式，国民总支出 GNE 等于国民可支配总收入 GNDI、金融账户余额（FA）和资本账户余额（KA）三者之和：

$$\text{GNE}=\text{GNDI}+FA+KA$$

这个恒等式表明支出是由收入或者出售资产所得来负担。反过来，国民可支配总收入 GNDI 等于国民总支出 GNE 加上经常账户：

$$\text{GNDI}=\text{GNE}+CA$$

将两个表达式结合在一起就可以得到国际收支（BOP）恒等式：

$$CA+FA+KA=0$$

这个恒等式表明所有的国际交易无论是扩大还是缩小母国的资源支出，一种交易类型的赤字（或者盈余）一定和另一种不同交易类型的盈余（或者赤字）相互平衡。如果每一项国际交易都被准确地记录，那么所建立起来的国际收支账户加总起来就为零，因为每一项市场交易都是两个价值相等的项目之间的交易。每一次国内居民和外国居民进行一项交易时，就一定会存在一个国际收支账户的贷方和一个国际收支账户的借方相互抵消，这些都会由研究国际收支的统计学家记录下来。例如，假设一个母国公司从一个外国公司进口一台拖拉机，并且用它在外国银行账户的资金来支付拖拉机的费用。这个进口被记录为经常账户中的借方，而外国银行债权的减少被记录为金融账户中一项资产的出口。

综上所述，如果一个国家的经常账户处于盈余状态，那么这个国家或者提高了国外债权的存储量，或者正在处置外国持有的负债。按照惯例，这样一个国家被称为（净）贷款人，因为实际上是这个国家向国外提供了购买力。因为这个国家从外国购买的资产要多于外国从该国购买的资产，这也被称为资金流出。一个经常账户处于赤字状态的国家被称为（净）借款人，因为它的国民总支出大于它的国民可支配总收入。支出和收入之间的缺口通过国外的金融流动来填补。

关键术语

在关键术语后面的横线上写下你的解释。

外部资产：________________

外部负债：________________

BOP 恒等式：________________

BOP 贷方：________________

BOP 借方：________________

（净）贷款人：________________

（净）借款人：________________

金融性资本流出：________________

金融性资本流入：________________

官方结算余额：________________

非储备金融账户：________________

复习题

问题 10：（多项选择）母国经常账户的赤字额为 80 亿美元，而资本账户余额为零。下面这些选项哪些一定正确？

a. 母国一定处于金融账户盈余状态。

b. 母国一定正在向世界上其他国家出口资产。

c. 国民可支配总收入一定小于国民总支出。

d. 以上选项全部正确。

e. 以上选项都不正确。

问题 11：判断正误或者不确定。请解释你所给出的答案。

经常账户处于盈余状态的国家一定正在提高对外债权的存储量。

____

问题 12：实施固定汇率制度的国家的国际收支账户如何可能和实施浮动汇率制度的国家的国际收支账户不同？

____

问题 13：将下面的美国的国际收支账户涉及的交易进行分类。确保记录了交易的借方和贷方以及准确的分类（货物的出口、金融账户中资产的进口等等）。不要太关注额度的大小。

13a. 一个美国制造商将一台拖拉机销售给一个俄罗斯公司，这个俄罗斯公司从一家俄罗斯银行中提取支票来向美国制造商进行支付。

____

13b. 一家美国银行向一个阿根廷企业提供贷款，并且以这个阿根廷企业的名义创建一项存款。

____

13c. 美国政府向津巴布韦提供粮食。

____

13d. 一个美国顾问被一个英国企业聘请。这个英国企业从它的美国银行账户中提取资金。

____

13e. 一位中年英国摇滚歌星为一位美国观众开一场免费演唱会。

____

13f. 一个中国学生考入一所美国大学，并且他通过在美国银行建立一个账户来进行支付。

____

13g. 一家阿根廷银行向一家美国银行支付它的负债所产生的利息。它通过动用在美国银行的存款来支付利息。

____

13h. 一项利息的支付来源于一家阿根廷银行对一家美国银行产生的负债。这家阿根廷银行不能承担这项费用。

____

提示

有关国际收支账户的问题很乏味，但是理解这些账户的结构是非常重要的。

问题 13 可能会比较混乱，因为它似乎并不能涵盖两个价值相等的项目。一项交易总是包括两个方面，你必须坚持等同地看待这两个方面。

4. 外部财富

基本概念

一个国家的外部财富是指这个国家对于外国的全部债权的价值与外国对于这个国家的全部债权的价值之间的差额。如果这个数值为正，那么我们可以说这个国家是一个净贷款人。如果这个数值为负，就如同美国的情况一样，那么我们就说这个国家是一个净借款人。存在三种方式能够改变一个国家的净财富。第一，一个国家的金融账户记录了资产的净值变化情况。正如一个人的情况一样，一个收入大于支出的国家将会积累该国的外部财富。第二，因为财富会以金融资产的形式被储存起来，并且资产的价格每天都会发生变化，所以一个国家外部财富的变化基于估值效应。例如，一个投资于低风险低收益型资产的国家，将会很少看到发生在它的外部财富上的惊喜的变化，将会很少经历资本收益或者资本损失的过程。一个投资于高风险但高收益型外国资产的国家，将会见证它的外部财富大幅度的波动过程，但是平均来说它将会经受一个正向的估值效应。第三，如果一个国家接受了资产的转移或者如果这个国家将资产转移给其他国家，那么这个国家的外部财富就会发生变化。这种情况的一个典型例子就是发达国家对发展中国家给予债务减免的优惠政策。

在实践中，估值效应的规模相对于资金流动的规模来说可以非常大。正如教科书中所提到的那样，美国的估值效应表现得很好：2006 年美国经历了一项价值 8 040 亿美元的资金流入过程，但是它的外部财富仅仅下降了 3 020 亿美元，因为它享受了一项价值 5 000 亿美元的资本收益。这些收益部分是因为美国的金融债权是用美元计价的，而大部分美国对于外国的金融债权是用其他货币计价的。因为美元贬值，所以美国资产的价值相对于它的负债的价值来说是上升的。

关键术语

在关键术语后面的横线上写下你的解释。

外部财富：______

净贷款人：______

净借款人：______

复习题

问题 14：下表显示了 1990 年到 2000 年母国经常账户余额和外部财富的情况。1989 年年末母国的外部财富为零。所有外部财富是以年末数据测量的（所以这些数据包括这一年当中任何一项借款产生的影响）。假设资本账户 $KA=0$。

年份	经常账户余额（十亿美元）	年末外部财富（十亿美元）
1990	10	6
1991	3	10
1992	1	12
1993	−4	8
1994	−7	4
1995	−2	5
1996	3	6
1997	8	15
1998	12	22
1999	10	29
2000	16	43

14a. 如果在这个时期不存在估值效应，那么母国的外部财富会是多少？

______

14b. 在这个时期内估值效应的总体规模是多少？

______

14c. 如果存在，那么哪些年份的估值效应是正的？

______

问题 15：2001 年年底，母国居民拥有价值 1 000 万欧元的外国债券和价值 1 000 万美元的外币存款。反过来，外国人拥有价值 2 500 万美元的母国债券。美元相对于欧元的汇率是 1。2002 年，美元相对于欧元来说贬值，此时汇率为

1.5，并且母国的经常账户赤字额为500万美元。2002年年底，母国的外部财富是多少？

问题16：美国的外部负债远远超出它的外部资产。美国来自外国的净要素收入（NFIA）为正。为什么经济学家难以协调这两个方面问题？

第 6 章 国际收支 I：金融全球化得失

概 要

这一章介绍了有关金融资产的国际交易理论。国家能够通过多种方式从进入国际金融市场中获益。首先，国家能够通过从国际市场上借款的方式减少由产出量的突然负面冲击引起的困难，这样做的目的就是平滑随着时间的推移而发生的消费需求的必要减少。另外，国家能够购买外国资产作为预防性储蓄，以备它们的经济经历一个暴跌的过程。其次，国家也可以从境外借入资金以便用于大规模的投资项目，另外也可能引起消费的大幅度下降。因此，国际金融市场增加了国际投资的有效性。最后，一个国家能够购买位于其他国家的资本，这样做的目的就是使世界投资组合变得更加多样化，因为能够避免受到冲击。然而，进入国际金融市场并不意味着能够完全消除冲击的影响，在这个意义上也就是说，发生的任何负债都需要偿还利息：一个国家的行为必须和它的长期预算约束（LRBC）保持一致 。此外，国际金融市场不能被用来消除与负面冲击相关的风险，负面冲击对所有国家的打击程度都是相同的。

直观地来看这个理论，我们发现经济学家很久以来就被国家参与国际资产交易的受限程度所困惑。例如，富裕国家很少在贫穷国家进行投资，若在贫穷国家投资可能会要求较高的预期资本收益。从长远来看，投资者通常持有本国的资产，即使他们可以通过持有更多的外国资产来大幅地改善他们的投资组合的表现。

1. 跨时宏观经济学

基本概念

一个有机会进入国际金融市场的国家，与它没有进入国际金融市场的任何一个给定年份相比，它在生产过程中花费的费用更少。例如，当不存在国际借贷时，收成不好将会因为产量的降低而降低一个农业经济体的粮食供给量。假设这个国家能够从国外借款，它就能够使用这些款项去购买国外粮食。尽管国际市场能够中断任何一个给定年份的支出与收入之间的联系，但是一个国家仍然由于需要支付借款利息而使它的支付能力受到限制。

这个部分介绍了长期预算约束的概念。为了简化分析，我们考虑这样一个小型开放经济体，在这个小型开放经济体中世界利率水平 r 是已知的。在此忽略转移的可能性和一个国家的外部财富的资本收益或者资本损失 W，从 $N-1$ 年到 N 年，一个国家的财富变化情况可以表示为：

$$\Delta W_N = W_N - W_{N-1} = r\, W_{N-1} + TB_N$$

这个方程表明外部财富的变化等于上一年财富的投资收入加上任何由交易赤字或者盈余引起的额外的借款或者贷款。将这个方程进行变形，我们可以得到：

$$W_N = (1+r)W_{N-1} + TB_N$$

为了弄清楚一个国家随着时间的推移所面临的约束，考虑在教科书中讨论的那个两阶段例子。这个国家起初的财富额为 W_{-1}，并且存在两个阶段，记为 0 和 1。在第二阶段结束时，这个世界也就相当于终结了，所以不存在任何外部财富。如果这个国家在时期 0 的贸易余额为 TB_0，而在时期 1 的贸易余额为 TB_1，那么我们将会得到这个国家所面临的预算约束方程为：

$$-(1+r)W_{-1} = TB_0 + TB_1/(1+r)$$

这个方程表明，所有目前和未来的贸易余额的现值（也就是方程等号右边）必须等于一个国家的初始外部财富的现值。将这种逻辑关系扩展为长期情况，在这种情况下存在无限多个时期，我们可以派生出这个国家所面临的长期预算约束方程：

$$-(1+r)W_{-1}=TB_0+\frac{TB_1}{(1+r)}+\frac{TB_2}{(1+r)^2}+\frac{TB_3}{(1+r)^3}+\cdots$$

在这种情况下，时期 0 以后的贸易余额一直恒定为 $\overline{TB}$，那么可以应用永久贷款方程将这个表达式简化为：

$$-(1+r)W_{-1}=TB_0+\frac{\overline{TB}}{r}$$

这个表达式将作为本章后面内容的一个有价值的简化方程。

所有这些表达式代表什么意思？因为在这个模型的假设前提下，贸易余额等于国内生产总值和国民总支出之间的差额，所以这个预算约束表示这个国家的支出的现值等于这个国家初始外部财富的价值加上产出的现值。在这方面的具体意义就是，一个国家必须量入为出，即使这个国家有时支出会大于产出。

尽管这个长期预算约束方程是一个有价值并且非常重要的工具，但是现实世界中的许多例子都表明这些假设条件还是有必要进行一些修改。例如，美国和其他国家相比，它的约束会更少，因为美国的借款利息低于它的贷款利息。发展中国家的情况与美国相反，因为世界金融市场要承担风险溢价。更进一步来说，许多发展中国家会经历贷款突然中止，这种情况是指金融市场突然不愿意向某个国家贷款。

关键术语

在关键术语后面的横线上写下你的解释。

长期预算约束（LRBC）：________________

小型开放经济体：________________

世界实际利率：________________

现值：________________

永久贷款：________________

突然中止：________________

复习题

问题 1：考虑一个小型开放经济体，这个经济体的初始外部财富为 100 单位。这个世界的实际利率在一个无穷期限的每一年都是 10%。

1a. 假设这个国家在时期 0 的贸易赤字为 10 单位。在第 0 年年底的外部财富是多少？

____

1b. 这个国家能否永久性地实现 10 单位的贸易赤字？请解释原因。

1c. 假设这个国家在时期 0 的贸易赤字为 12 单位。在第 0 年年底的外部财富是多少？

1d. 这个国家能否永久性地实现 12 单位的贸易赤字？请解释原因。

提示

偶尔会听到这样的新闻报道：一个国家的经常账户赤字状态是不可持续的。这就意味着赤字状态不能无限期地存续，因为它们可能违反国家的长期预算约束。

问题 2：母国是一个只存在两个时期的国家。它的初始外部财富为 0。在时期 0 和时期 1，母国的产出量都为 100 单位，并且母国能够向世界上其他国家借款或者贷款的实际利率为 10%。

2a. 母国产出的现值是多少？

2b. 母国在满足预算约束的前提下能够在时期 1 消费的最大数量是多少？

2c. 如果母国在时期 1 有贸易赤字，那么母国在时期 2 是否也有贸易赤字？

2d. 母国在单一时期能够实现的最大贸易盈余是多少？

2e. 母国在单一时期能够实现的最大贸易赤字是多少？

问题 3：一个国家的初始外部财富为−50，而且这个国家在以后无限多个年份中每年的产出为 10 单位。每年的利率为 10%。

3a. 这个国家的资源的现值是多少？

3b. 如果这个国家每年的消费量是固定的（包括当前年），那么它的消费量是多少？

3c. 如果这个国家假设以后不会再进行消费，那么这个国家在今年消费的最大值是多少？

提示

按照模型的假设，问题2e和问题3c从技术角度来看是正确的，但揭示出了模型的一个不现实的特征。如果这个国家的所有资源都被用来支付外部负债的利息，没有剩下能够用于消费的产出，那么能够确信的一点就是，这个国家可能会对它的国际义务不负责任。

问题4：为什么你会预期一个（净）债务国会在它从外国获取的净要素收入账户中出现赤字？

______

问题5：请解释：根据“过高特权”现象，美国是如何做到比其他国家约束更少的。

______

问题6：这个简单跨期模型的哪个假设条件在研究发展中国家的情况时会失效？

______

2. 消费平滑收益

基本概念

当一个国家的生产能力经历了一个短暂的冲击，比如一场飓风、战争或者经济衰退，消费就一定会下降，但是消费量的调整幅度要依赖于这个国家是否能够从国际金融市场上借款或者贷款。一个国家如果停止从世界上其他国家借款或者贷款，那么这个国家只能够消费自己所生产的产出，所以消费量必然会立即下降，并且下降幅度等于这个冲击所带来的全部额度。一个能够从国外借款的国家能够通过现在借款然后在未来还款的方式降低对消费带来的破坏性调整的额度。由于负面冲击而引起的消费损失将会随着时间的推移而被平息，而不是突然爆发。如果r^*代表世界利率，ΔQ代表由负面冲击所带来的产出的暂时减少，ΔC代表由冲击所引起的每年消费的变动情况（消费处于平滑状态），那么$\Delta Q-\Delta C$表示在冲击时刻所借入的数量，$r^*(\Delta Q-\Delta C)$代表每年必须支付的利息，ΔC表示为了支付借款利息贸易余额必须达到的数额。因为$r^*(\Delta Q-\Delta C)=\Delta C$，每个时期消费的下降额度为：

$$\Delta C=(r^*/(1+r^*))\Delta Q<\Delta Q$$

如果不可能存在消费平滑过程，那么这个国家将不得不突然将消费降低 ΔQ。消费平滑是允许存在金融资产的国际交易的一个基本优势。请注意金融市场无法减轻负面冲击所带来的所有影响：能够永久性地降低产出量的永久性冲击要求一个国家立即对此作出调整。

甚至那些由于现有负债水平较高或者由于偿还贷款的信誉较差而难以再向国外借款的国家，仍然能够通过建立预防性储蓄来确保自己免受暂时性冲击。许多国家在它们的中央银行账户中持有大量外国债券，这类债券被称为外汇储备，之所以这样做恰恰是为了免受暂时性冲击。其他国家选择开放主权财富基金，以便投资外国资产的股票从而获取较高收益。

关键术语

在关键术语后面的横线上写下你的解释。

预防性储蓄：______________________________

外汇储备：______________________________

主权财富基金：______________________________

复习题

问题 7： 判断正误。请对你的答案给出解释。拥有进入国际信贷市场的机会能够使国家避免负面冲击的影响。

____

问题 8： 母国是一个小型开放经济体，已知该国将世界利率 10%作为本国的利率。母国每年的产出量为 100 单位，并且母国的消费者希望随着时间的推移，母国的消费是平滑式消费（每年的消费水平相同）。最后，母国不存在初始外部财富。在 T 时刻，母国因为每年产量突然下降 10 单位而受到冲击。

8a. 如果母国不能自由地从世界市场上贷款，那么第 T 年的消费额将下降多少？

____

8b. 如果母国能够自由地从世界市场上贷款，那么第 T 年的消费额将下降多少？

____

8c. 如果母国借款来使本国的消费变成平滑式消费，那么母国每年支付的利息是多少（假设本金从来都没有被偿付）？

____

8d. 如果冲击是永久性的而不是暂时性的，那么你所给出的有关 8b 题的答案会发生怎样的变化？

现在假设在 T 时刻，母国因为每年产量突然上升 10 单位而受到冲击。

8e. 如果母国不能够自由地从世界市场上借款，那么第 T 年的消费额将上升多少？

8f. 如果母国能够自由地从世界市场上借款，那么第 T 年的消费额将上升多少？

8g. 如果冲击是永久性的而不是暂时性的，那么你所给出的有关 8f 题的答案会发生怎样的变化？

提示

问题 8 中的大部分问题都可以使用教科书中的一个方程来回答。确保你充分理解了这个方程背后的经济学原理。

问题 9：请解释智利的"经济和社会稳定基金"背后的理论。

3. 有效投资收益

基本概念

根据定义，目前的投资消耗资源并提供未来可用的额外资源。一项投资会使国内产出增加 ΔQ，需要投入的资源量为 ΔK。在一个封闭经济体中，为了资助这项额外的投资所需要的资源量 ΔK 来自消费，并且消费量的大幅下降所带来的灾难性影响可能会因为太昂贵而使得这项投资不可行。在一个开放经济体中，投资在任何一个时期都不需要降低消费。如果世界的实际利率为 r，那么只要投资的现值 $\Delta Q/r$ 大于投资产生的直接成本 ΔK，投资就会顺利进行。

国际借贷行为打破了一个国家的储蓄和投资之间的联系。那些拥有较高储蓄倾向或者缺乏优良投资的国家，要向那些拥有较低储蓄倾向或者拥有许多良好投资的国家提供直接的投资资金。正如国际货物贸易中发生的情况一样，国际借贷能够使世界资源得到更加有效的利用，从而能够改善贷款国和借款国双方的福利水平。

在国际金融方面存在的一个重要问题就是，为什么富有的发达国家不向贫穷的发展中国家提供更多的贷款。当其他条件完全一样，经济学家预期发展中国家的资本的边际产出（发展中国家资源稀缺）应该高于发达国家的资本的边际产出（发达国家资源相对丰裕）。资本的流入将被预期会增加发展中国家的收入，并且会缩小国家发展水平的差异，然而从发达国家流入发展中国家的资本量却非常小。

为什么资本没有从发达国家流向发展中国家？对这个问题的解释有很多种。备受关注的一种解释就是发展中国家由于技术和社会效率低下而使得资本的生产力降低。为了理解这个论断，考虑方程 $q=Ak^{\theta}$。在这个方程中，q 表示每个工人的产出量，k 表示每个工人的资本储存量，也就是资本在生产过程中所占的份额，A 表示生产率。如果生产率 A 在两个国家相同，那么资本将会从资本丰裕的国家（该国 k 值高）流向资本稀缺的国家（该国 k 值低）。当资本稀缺国家的生产率（A 值比较低）低于资本充裕国家的生产率，情况就并非如此，因为资本的边际产出（$\theta Ak^{\theta-1}$）可能在资本稀缺的国家要低于资本充裕的国家。存在的另外一种解释就是贫穷国家的投资会因为该国的高风险溢价而受阻。理解资本缺乏流动性的原因非常重要，因为如果发展中国家的生产率由于低劣的制度而变得比较低，则国外援助和诸如世界银行这样的贷款机构将无法帮助增加发展中国家的收入。

关键术语

在关键术语后面的横线上写下你的解释。

生产函数：__________

生产率：__________

收敛：__________

发散：__________

外国援助：__________

世界银行：__________

资本的边际产出：__________

复习题

问题 10：假设一项投资需要 10 单位的目前产出，并且每年提供一个 1 单位产出的永久性年收益。如果实际利率为每年 5%，那么这项投资是否值得开展？

问题 11：考虑一个只有母国和外国两个国家的世界。假设母国的资本边际产出高于外国的资本边际产出。

11a. 世界资源是否能够得到有效利用？

11b. 世界资本市场是否能够正常运转？

11c. 你将为母国的资本边际产出超过外国的资本边际产出这个问题提供何种解释？

问题 12：思考教科书中给出的生产函数 $q=Ak^{\theta}$。假设有母国和外国两个国家。每个国家拥有一个工人。母国的资本存量（k）为 100 单位，外国的资本存量（k）为 49 单位。母国的生产率 A 为 7，外国的生产率 A 为 10。生产的资本贡献率 θ 为 0.5。

12a. 哪个国家的每单位资本所创造出来的产出量更高？

12b. 哪个国家的资本边际产出更高？

12c. 资本流动会选择哪种方式？

问题 13：判断正误或者不确定。请对你所给出的答案给出解释。发展中国家是贫穷的，因为它们不可能从发达国家处获得足够的外国援助。

提示

如果一个国家禁止国际借贷行为，那么它的实际利率就由国内的储蓄供给和投资需求所决定。在投资旺盛期间消费会降低，这样做的目的就是增加储蓄（增加实际利率）。在一个小型开放经济体中，国内储蓄和投资之间没有存在联系的必要，因为实际利率是由外国决定的。

4. 风险多样化带来的收益

基本概念

将资产组合进行多样化的投资者，能够降低他们收入的波动性。投资者在一个国家购买不同企业的股票能够实现风险多样化，投资者在不同的国家购买不同企业的股票也能够实现风险多样化。有关国际多样化投资收益的基本观点在一个两个国家的模型中显现出来，在这个模型中，A 国和 B 国对产出冲击的反应是相反的：当A国的经济形势较好时（产出高），B国的经济形势就比较差（产出低），反之亦然。如果投资者能够从不同国家的企业购买股票，那么他们能够通过将大部分财富投放在外国资产上来降低他们收入的波动性。当国家的投资组合多样化之后，一个国家的贸易余额和净要素收入余额将会随着时间的推移沿着相反的方向移动。当A国处于良好状态时，该国的贸易余额将处于盈余状态，但是该国的净要素收入余额将处于赤字状态，因为A国资产偿还了很多，而B国资产仅仅偿还了很少一部分。当A国处于劣势时，就会发生和上面相反的情况。资本所有权的多样化能够降低波动性，但是这存在一个限制条件：国民收入的大部分都来自于劳动力，并且劳动力存量是不能够被买卖的。更进一步来说，许多负面冲击（比如全球性的经济衰退）对所有国家来说都是常见的，国际多样化不能有助于避免这些冲击。

在给定国际多样化带来理论收益的情形下，我们能够预期将会出现大量的国际股权投资。然而现实却并非如此，经济学家将这一困惑标注为母国偏向问题。经济学家已经表明：在过去的20年里，典型的投资者会运用资产组合来降低风险，从而提高他们的收益。

关键术语

在关键术语后面的横线上写下你的解释。

多样化：________________________________

母国偏向：________________________________

复习题

问题14：母国和外国正在经受一场随机冲击。每个国家在经济形势良好年份的年产量为50单位，在经济形势差的年份为10单位。经济形势好的概率是50%。当母国经济形势好时外国经济形势差，反之亦然。

14a. 如果国际金融市场是封闭的，均值会有何变化？

____

14b. 如果所有收入都来自资本收入，并且每个国家拥有50%的另一个国家的资本股票，收入会围绕均值发生什么变化？

____

14c. 现在假设收入的50%都来自劳动收入，并且每个国家拥有50%的另一个国家的资本股票，收入会围绕均值发生什么变化？

____

14d. 现在假设两个国家每年的经济形势相同，并且每个国家拥有50%的另一个国家的资本股票，收入会围绕均值发生什么变化？

问题15：如果没有在外国股票市场上购买股票，你将如何从国际多样化中获取收益?

问题 16:(多项选择)资产组合所有权的母国偏向可以由以下哪些选项来解释?

a. 获得外国资产的成本是非常昂贵的。

b. 各个国家的消费模式不同。

c. 外国投资者可能面对监管壁垒。

d. 以上选项全部正确。

e. 以上选项全部不正确。

第 7 章　国际收支Ⅱ：产出、汇率与短期宏观经济政策

概　要

暂时的“宏观经济冲击”能够动摇一个国家的经济。这些冲击中的一部分来源于国内，比如消费者支出的下降，这些冲击的另外一部分来源于国外，比如国际利率的上升。这一章介绍有关宏观经济的凯恩斯模型，这个模型可被应用来分析国内冲击和国际冲击对关键宏观经济组合带来的影响，并且可被应用来分析政府部门通过改变它们的政策来抵消这些冲击的能力。这个模型强调货物和资产的国际市场在决定国内产出方面所发挥的作用。用评判性的眼光看待这个问题就是，影响国内存款收益的政府部门实施的政策将会改变汇率，这反过来也会通过支出转换这个众所周知的现象来改变贸易余额。

一个国家对汇率制度的选择，对决定冲击对经济的影响和旨在稳定经济的货币政策的功效是非常重要的。在一个实施固定汇率制度的国家中，该国的利率必须等于世界利率，也就意味着政府部门只能使用财政政策来应对不利的经济冲击。一个实施浮动汇率制度的国家在使用货币政策的过程中不存在这样的限制，

因为在这样的国家中，汇率和利率都是自由变动的。最后，我们讨论世界各国实施各项政策来稳定经济所面对的实际困难。

1. 开放经济中的需求

基本概念

这一章所介绍的凯恩斯模型将国内产出的波动归因于冲击对国内产出带来的影响。正如第5章所讨论的一样，国内产出的需求量等于国民总支出（GNE）加上贸易余额，所以可得以下方程：

$$D = C + I + G + TB$$

在这个方程中 C 代表消费，I 代表投资，G 代表政府消费，TB 代表贸易余额，或者一个国家出口和进口之间的差异。这部分讨论这个模型的假设条件，即需求方程中四个组成部分的变动方式。这些组成部分的大部分变动都可以归因于这个模型的假设：短期内价格是黏性的或者是固定的。

消费者的需求可以用消费方程 $C=C(Y-T)$ 来表示，这个方程假定消费水平随着可支配收入的增加而增加，可支配收入是指国民收入 Y 和税收 T 之间的差异。由于可支配收入的增加而引起的消费增加比率被称为消费的边际倾向。消费水平也可以随着消费者情绪的变化而发生变动。这就是一个需求冲击的例子。

投资者的需求被假定为是由投资者的情绪和预期实际利率决定的。利率水平越高，任何一个给定的投资项目获取的收益就越高。因此，利率的上升将会降低总投资，因为更少的投资项目会被运行。总之，投资方程为 $I=I(i)$，这个方程中的 I 是 i 的减函数（请注意通货膨胀预期被假定为0，这样名义利率就等于实际利率）。

政府消费 G 和由政府征收的税收 T 被假定只由政府所实施的金融政策决定。注意，并不是所有政府支出账户中的项目都作为政府消费，因为一些支出项目是以转移支付计划形式体现出来的，比如社会保障，这个项目不会直接产生对产品和服务的需求。

总需求的最后一个组成部分是贸易余额，贸易余额等于出口价值和进口价值之间的差异。一个国家的出口需求依赖于实际有效汇率，依赖于其他国家的可支配需求（$Y^* - T^*$），并且依赖于国外的消费偏好。一个国家的进口需求依赖于实际有效汇率，依赖于母国的可支配收入（$Y-T$），并且依赖于国内消费者偏好。当一个国家的实际汇率下降，该国的货物和服务相对于国外货物和服务来说变得更为廉价，母国和外国的消费者都将参与支出转换：在实际有效汇率水平下，出口将增加而进口将减少。这个假设从长期来看一直成立，但是在短期内就可能不成立，这个现象被称为 J 曲线。总之，贸易余额可以被写成它的决定因素的函数：

$$TB(EP^*/P, Y-T, Y^*-T^*)$$

关键术语

在关键术语后面的横线上写下你的解释。

消费：______

可支配收入：______

边际消费倾向（MPC）：______

预期实际利率：______

政府消费：______

税收：______

转移计划：______

支出转换：______

实际有效汇率：______

传导：______

J 曲线：______

复习题

问题 1：思考消费函数：$C=5+0.75(Y-T)$。Y 表示国民收入，T 表示政府税收。

1a. 边际消费倾向是多少？

______

1b. 如果可支配收入是 100，那么消费者的储蓄是多少？

______

1c. 根据给定的消费函数，一个“消费休克”可能采取什么方式？

______

1d. 如果每个个体消费者拥有相同的消费函数，那么一个政府的诸如社会保障这样的转移计划能否影响总消费？

______

1e. 判断正误。请对你的答案作出解释。如果政府将削减 15 单位税收 T，但是 Y 保持不变，那么总需求是否能够增加 11.25？（提示：要考虑到对国外商品和服务的需求。）

______

提示

假定储蓄和消费与利率没有直接的联系。这个假设可能与其他教科书中的假定不相同。

如果不同收入水平的消费者之间的消费倾向存在差异，那么转移计划就会影响总的消费量。

问题 2：母国存在 7 项潜在的投资。每项投资都需要一单位的投入。下表给出了每项投资的收益率。

项目	收益率
1	10
2	9
3	6
4	5
5	3
6	2
7	1

2a. 如果实际利率为 4%，那么投资所要求的产出量是多少单位？

2b. 如果利率上涨到 7%，那么投资所要求的产出量可能会是多少单位？

2c. 假设存在一个生产率迅速提高时期，每项投资的收益率将加倍。如果利率仍然为 7%，那么将会有多少项投资得以运营？

问题 3：母国的汇率在很多年都是固定的。在 t 时刻，货币升值。应用下图，展示出随着时间的推移，母国的出口、进口和贸易余额针对货币的升值所作出的反应。

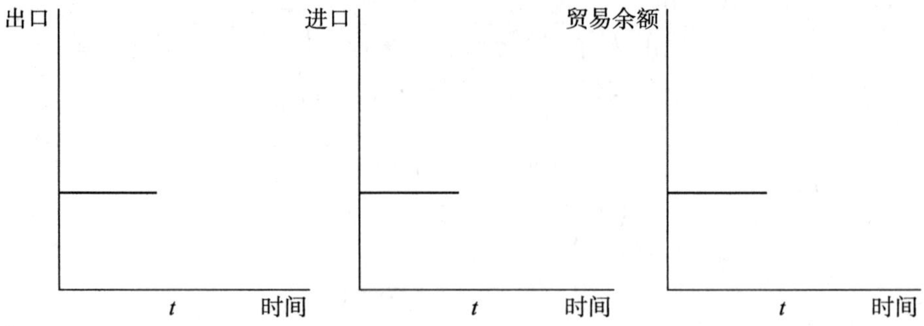

问题 4：（多项选择）观察到的一个 10%的货币贬值将导致进口价格上升 4%。下面哪些现象能够解释这种不完全传递现象？

a. 以美元计价。

b. 分销成本。

c. J 曲线效应。

d. a 和 b 的联合影响。

e. 所有选项全部正确。

问题 5：（多项选择）下面哪些选项能够引起母国贸易余额盈余的增加？

a. 实际有效汇率贬值。

b. 母国的可支配收入下降。

c. 世界上其他国家的可支配收入上升。

d. 所有选项全部正确。

e. 任何一个选项都不正确。

2. 商品市场均衡：凯恩斯交叉

基本概念

在凯恩斯模型中，短期总供给的所有变化都可以归因于总需求 D 中的一个或者多个组成要素的冲击（变化）。因为总需求方程中所包含的变量和总供给方程中所包含的变量相同，总需求方程可以表示为：

$$D(Y-T, I, G, EP^*/P, Y^*-T^*) = C(Y-T) + I(i) + G + TB(EP^*/P, Y-T, Y^*-T^*)$$

保持国民收入 Y 固定，G、i、E 或 Y^* 的增加，或者 T 或 T^* 的减少都将会引起总需求中一些要素的增加，所以总需求同时也会增加（注意：母国和外国的价格 P 和 P^* 在短期内都是固定不变的）。商品市场上的短期均衡要求总供给 Y 和总需求 D 相等，或者表示为：

$$D(Y-T, I, G, EP^*/P, Y^*-T^*) = Y$$

满足商品市场均衡条件的产出水平通常都会应用图 7—1 所示的凯恩斯交叉图来分析。

图中向上倾斜的实线 D 表示总需求曲线。总需求随着国民产出量的增加而增加，因为消费支出随着国民收入的增加而增加。总需求曲线 D 的斜率小于 1，因为边际消费倾向小于 1，也因为消费中的一部分是来源于国外商品而不是国内商品。产出 Y_1 的均衡水平导致总需求水平严格等于这个均衡水平。从图 7—1 中可以清楚地获知，任何形式、任何程度的能够带动总需求增加的国民产出量的变化都会引起总需求曲线向上移动，同时引起短期内产出的均衡水平的增加。

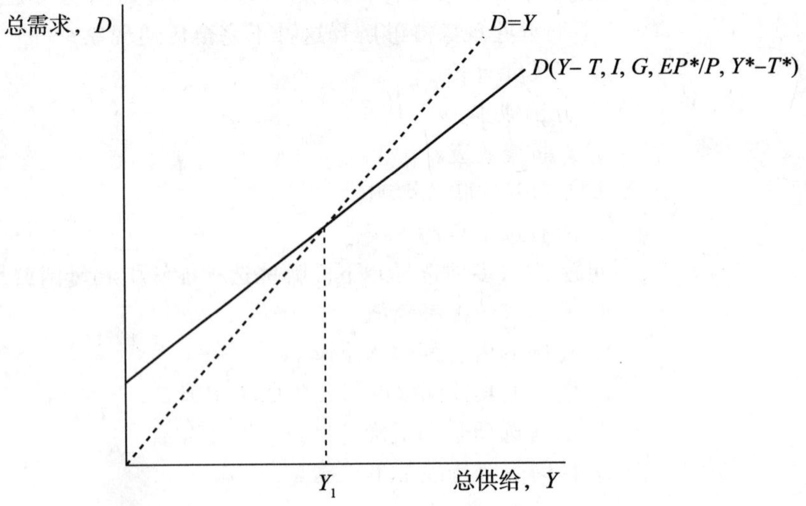

图 7—1　凯恩斯交叉图

关键术语

在关键术语后面的横线上写下你的解释。

商品市场均衡条件：________________

复习题

问题 6：下面这些有关国民产出短期水平的变化将会产生什么影响？

6a. 利率的下降？

____

6b. 母国货币的升值？

____

6c. 税收的下降？

____

6d. 外国税收的下降？

____

6e. 消费者信心指数的下降（也就是消费者想要支出更少的费用）？

____

6f. 新闻报道：进口的产品有害你的健康？

____

提示

由于短期内价格存在黏性，所以我们假设需求的任何变动都会即刻转换为供给的变动。换句话说，企业和工人已经承诺提供所需求的任何水平的商品，不管这个数量是多大还是多小。

冲击（变动）将会引起总需求曲线 D 向上或者向下移动。更进一步来说，需求的任何变化都能够通过 G 的变化直接抵消，或者间接地通过 T、i 或 E 的变化来抵消。这个观察结果将会激励政府实施一项积极的政策，这也是本章后面的部分将要介绍的内容。

3. 商品和外汇市场均衡：推导 *IS* 曲线

基本概念

IS 曲线显示出名义利率和国民产出（i，Y）之间的联系，当其他所有总需求的决定因素保持不变时，这种联系是符合商品市场均衡条件的。这里存在两种将利率和国民产出联系在一起的方式。第一，利率的变化直接降低投资支出 $I(i)$。高利率会使投资变得失去吸引力。第二，利率的变化也会引起汇率的变化。从短期来看，价格具有黏性，这样名义汇率的所有变化同样也是实际汇率的变化。利率的降低引起实际的贬值，这个变化将导致支出转换和一个更高的贸易余额。因为这两个效应会相互强化，利率的增加会降低总需求，因此会降低国民产出：*IS* 曲线是一条向下倾斜的曲线。

能够影响总需求 D 的除了利率外的其他任何变量的变化，都会引起 *IS* 曲线的移动。例如，政府支出的增加能够直接增加总需求，同时也能够使短期内任何利率水平下的产出量增加。结果，利率和国民产出之间的这种新的关系会出现这样一种特征：它能够引起在每个利率水平下的国民产出量更高。

关键术语

在关键术语后面的横线上写下你的解释。

IS 曲线：____

复习题

问题 7：下面这些变化会引起 *IS* 曲线发生什么样的变化？请对你的答案作出解释。

7a. 利率的下降？

7b. 预期的未来汇率的上升？

7c. 税收的降低？

7d. 外国税收的下降？

7e. 消费者信心指数的下降（消费者想要降低支出费用）？

7f. 新闻报道：进口产品有害你的健康？

提示

能够引起给定利率水平下的产出量变化的总需求中的任何一个组成要素的变化（见问题 6），将会使 *IS* 曲线发生移动。由于利率的变化而引起的总需求要素的变化，与现存的 *IS* 曲线的移动联系在一起。

4. 货币市场均衡：推导 *LM* 曲线

基本概念

LM 曲线被用来总结名义利率和国民产出之间的关系，当满足实际货币供给和货币需求的其他任何决定因素固定的条件时，这种关系就符合货币市场中的均衡条件。关键方程为：$M/P=L(i)Y$。利率 i 的增加将会降低货币需求量，然而实际产出 Y 的增加将会增加货币需求量。因此，实际产出量的增加是与利率的增加同时发生的。这也就意味着 *LM* 曲线是一条向上倾斜的曲线。

这里只存在两种变化方式能够使 *LM* 曲线发生移动。第一，名义货币供给 M 的变化或者价格水平 P 的变化都能够改变实际货币供给量。实际货币供给量的增加是与 *LM* 曲线的向下移动同时发生的。第二，函数 L 能够移动。例如，如果人们因对金融系统更加具有恐惧感而想要持有更多的现金，那么函数 L 将会向上移动（对流动性产生一个大冲击）。在保持利率 i 固定的前提下，货币需求的增加一定会使得 LM 曲线向上移动。

关键术语

在关键术语后面的横线上写下你的解释。

LM 曲线：____

复习题

问题 8：（多项选择）下面哪些选项能够引起 LM 曲线发生移动？

a. 汇率的下降。

b. 消费者支出的上涨。

c. 投资的增加。

d. 价格水平的下降。

e. 所有选项全部正确。

问题 9： 判断正误。请对你的答案作出解释。LM 曲线是一条向上倾斜的曲线，是因为价格被假定为具有黏性。

____

5. 一个开放经济体的短期 *IS*－*LM*－*FX* 模型

基本概念

在一个短期均衡中，名义利率和实际产出使得商品市场中的总需求等于总供给，并且确保实际货币余额需求等于实际货币余额供给。换句话说，利率和实际产出水平是由 IS 曲线和 LM 曲线的交点决定的。在这样的背景下（一个独立的图形通常被画在 IS－LM 曲线的右边），利率和汇率使得外汇市场达到均衡状态。

在这一部分，我们使用完整的模型来通过诸如国民产出、汇率和贸易余额这些内生变量来分析暂时性冲击对经济体产生的影响。理解暂时性冲击是一种在长期来看不会产生影响的冲击和理解这种暂时性冲击对人们考虑未来变量的预期不会产生作用的观点是非常重要的。例如，一个暂时性投资高潮导致总需求中的一个要素增加，同时紧随其后会使得 IS 曲线发生移动，但是这个经济体中的每一个人都明白这样的投资将会很快削弱，并且 IS 曲线会很快恢复到起始的位置。

教科书集中关注由一个政府的财政政策（政府消费和政府税收）和它的货币政策（货币供给）引起的冲击。

财政政策和货币政策的变化对经济体产生的影响依赖于国家的汇率制度。一个实施浮动汇率制度的国家的政府部门，在原则上能够自由移动它的 IS 曲线（通过改变财政政策）或者能够自由移动它的 LM 曲线（通过改变货币政策）。货币政策和财政政策的混合能够被用来限定具体的利率和国民产出。正如第 4 章所注释的那样，一个选择实施固定汇率制度并允许资本在两个国家之间流动的国家，将会对该国的利率水平失去控制。为了维持这个固定汇率制度，政府必须调整国家的货币供给量（因此会引起 LM 曲线发生变化），以便保持利率不变。如果中央银行改变货币供给来使得 LM 曲线沿着相同的方向移动以便阻止利率发生变化，那么能够引起利率发生变化的财政政策的变化才能够实现。

关键术语

在关键术语后面的横线上写下你的解释。

货币政策：____

财政政策：____

复习题

问题 10：假设你是一个负责你所在国家财政政策的政府官员。这个国家保持浮动汇率制度。你所在国家的那些严格关注生活的人们要求你仅仅使用财政政策去扩展这个国家的产出，同时降低这个国家的贸易赤字水平。

10a. 你是否能够仅仅使用财政政策来实现这两个目标？应用下图给出你的答案。

____

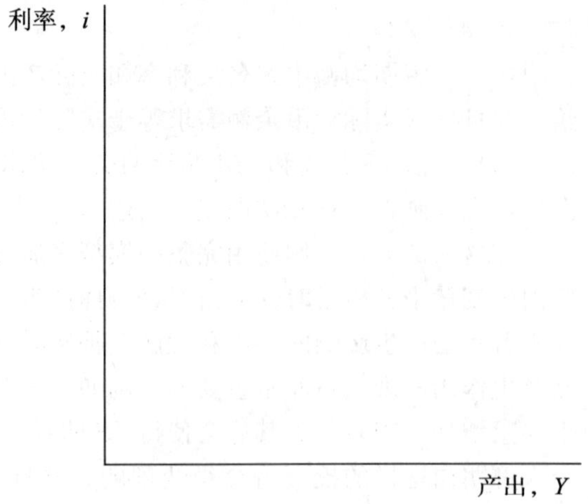

10b. 现在假设与上面的假定相反，你现在负责这个国家的货币供给。你是否能够仅仅使用货币政策来实现这两个目标？应用下图给出你的答案。

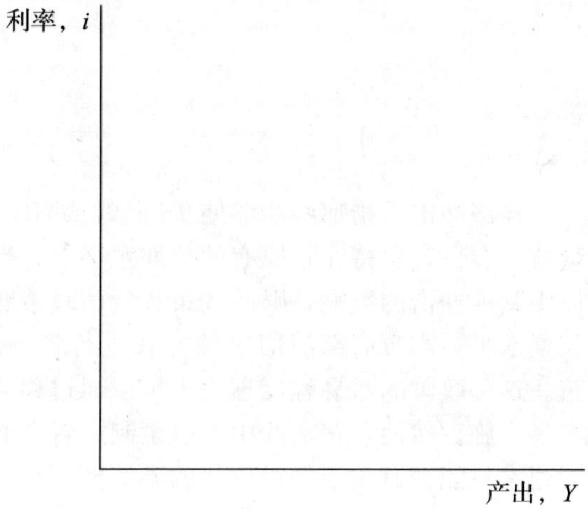

10c. 现在假设国家实施固定汇率制度。只使用货币政策或者只使用财政政策能否达到降低贸易赤字水平同时扩展国民产出量的目标？应用下图给出你的答案。

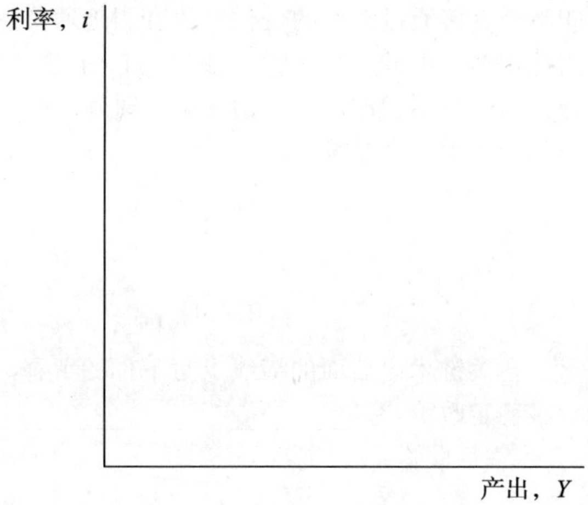

问题 11：判断正误。请对你的答案作出解释。将名义利率固定在一个水平上的政策与固定汇率制度的政策能产生相同的效果。

6. 稳定政策

基本概念

经济冲击是指那些能够使 *IS* 曲线或者 *LM* 曲线发生移动的冲击，这样产出量就不会一直保持在它原有的长期水平上。当能够恰当地使用时，通过抵消经济体中其他冲击的影响，财政政策和货币政策能够被用来使经济体的冲击恢复它的长期水平。当政府部门用这种方式进行管理时，说明政府正在实施一种稳定政策。这种政策的难易程度理论上可以通过移动曲线的方式使得稳定政策变得更加容易实施。然而，在实践中，政策制定者会面临两个主要问题。首先，政策制定者通常只能拥有关于经济形势的不完整信息。测量经济总量是一个巨大的挑战并且容易产生错误。由于收集数据的缓慢性而给制定政策带来的困难被称为内部滞后。其次，即使在政府政策被制定并且被实施后，也需要花费时间去维持这些政策的效应。财政政策或者货币政策的效果直到那些对经济体不利的冲击被削弱之后才会显现出来。经济体对政府政策的滞后反应被称为外部滞后。

经济政策可能要花费一定的时间才会显现出效果的地方就是汇率的变化对贸易余额产生的影响。尤其是如果它们知道汇率的变动只是暂时的情况下，企业可能不会直接通过汇率的变化来改变当地通货的价格，以避免失去它们来之不易的当地顾客。更进一步来说，如果出口和进口的国际合约的范围在之前已经被设定，那么在不利冲击已经消失很长时间之后，实际汇率的变化可能才会通过贸易余额来产生一个激励效应。

关键术语

在关键术语后面的横线上写下你的解释。

稳定政策：____

复习题

问题 12：假设所有的投资者都具有中年危机感。他们也都有被年轻时的损失搞得心烦意乱的经历，也就是他们都曾经有在每一个给定的利率水平上投资过少的经历。

12a. 如果这个国家实施浮动汇率制度，那么对经济体会产生什么影响？使用下图来给出你的解释。

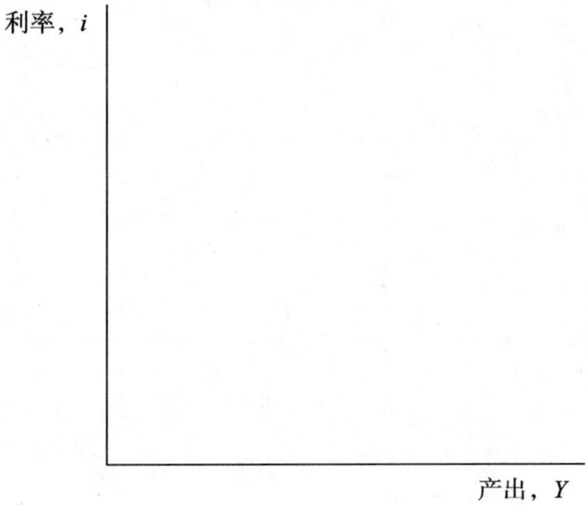

12b. 在浮动汇率制度下，政府可能会如何应对投资冲击带来的影响？

12c. 如果国家实施固定汇率制度，那么对经济体会产生什么影响？使用下图来给出你的解释。

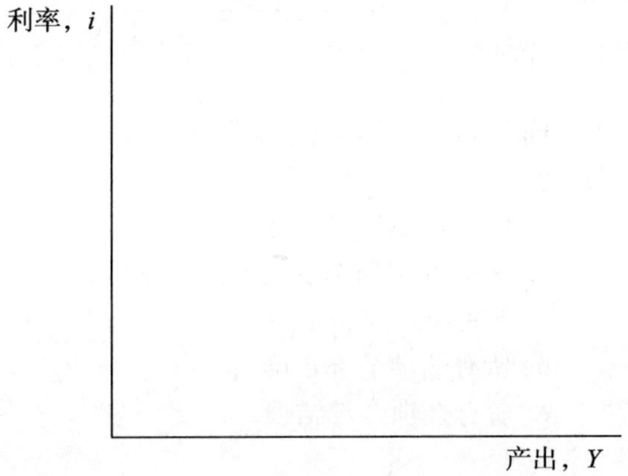

12d. 在固定汇率制度下，政府可能会如何应对投资冲击带来的影响？

提示

问题 12 给出了这样一种观点：总需求中的任何一个要素的变化都会产生与政府的财政政策变化相同的效应。投资需求的下降与短期内政府支出的突然下降会产生相同的影响。

问题 13：比较外国利率的增加对母国经济在固定汇率制度和浮动汇率制度下分别产生的影响。应用下面给出的两个图来展示你所给出的答案。上图对应浮动汇率制度，下图对应固定汇率制度。请解释你给出的答案。

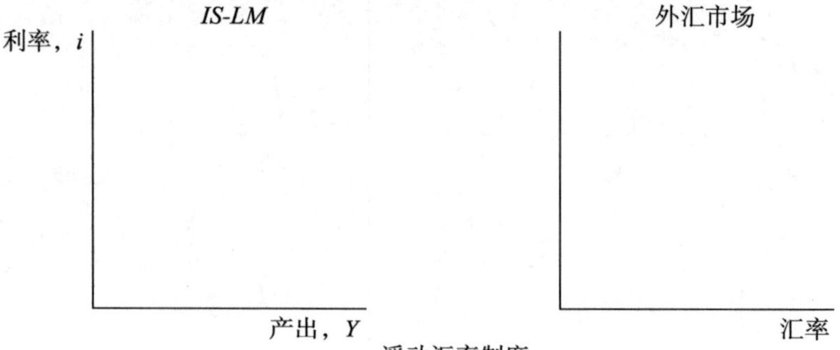

浮动汇率制度

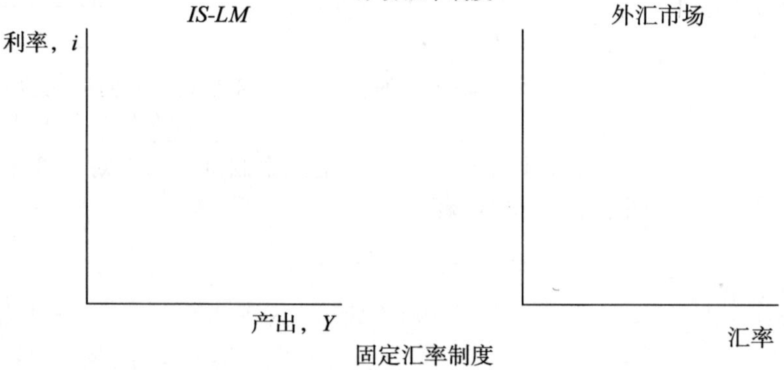

固定汇率制度

问题 14：（多项选择）下面哪些选项能够使得稳定政策的应用变得更为复杂化？

a. 信息收集的滞后性。

b. 投资者对利率变化的滞后反应。

c. *J* 曲线效应。

d. 所有选项全部正确。

e. 所有选项全部错误。

丛·《国际宏观经济学》学习指导与习题集 经济科学译丛·《国际宏观经济学》学习指导与习题集 经济科学

第4部分
应用与政策问题

第 8 章　固定汇率制与浮动汇率制：国际货币经验

概　要

这一章讨论了固定汇率制度相对于浮动汇率制度的利弊。固定汇率制度最主要的好处在于它能够通过降低汇率的波动性来减少国际交易成本。因此，当 A 国和 B 国进行大量的贸易往来时，将汇率固定在 B 国的通货水平上的 A 国从贸易中获得的收益可能会比较多。固定汇率制度最主要的成本在于，一个将本国货币的价值钉住另一个国家的货币价值的国家，不得不采用与另一国相同的货币政策。因此，当两个国家面对类似的经济冲击时，A 国面对的将它的汇率固定在 B 国货币之上的成本可能相对较低，所以适合 B 国的货币政策也同样适用于 A 国。对于一系列发展中国家来说，可以在实施固定汇率制度时获得另外一些好处。第一，如果一个国家的外部财富对货币变化比较敏感，那么这个国家可以通过实施固定汇率制度来屏蔽货币冲击的影响。第二，一个缺乏可靠的货币锚（在通货膨胀方面名声不佳）的国家，将会失去部分货币自主权。

在实践中，许多汇率制度包括的内容可能会非常庞大并且非常复杂。例如，布雷顿森林体系就包括这个世界上的大部分发达国家。这个体系拥有非常正规的安排，设计这些安排的目的就是为了阻碍那些具有竞争性的贬值行为，以及为了阻碍其他已经对早期的货币体系产生不利影响的以邻为壑政策的实施。最后，在具体地维持这些合作安排方面存在的困难和终止其他汇率制度的原因，将会在对汇率体系的现代历史的讨论中加以说明。

1. 汇率制度的选择：关键问题

基本概念

一些国家将它们的货币价值固定在另一国家的货币之上，然而另外一些国家允许它们的货币自由浮动。在某一年选择实施固定汇率或浮动汇率的国家，在接下来的一年中它的选择可能会发生变化。国家在选择汇率制度方面存在的时间和空间上的差异，反映出固定汇率存在的利弊程度方面的差异。将一个国家的货币钉住另外一个国家货币的价值的好处就在于，通过消除汇率的波动性，关联汇率就可以降低横向交易之间的不确定性。实证研究已经显示出汇率波动性的降低，使得国家之间有关货物、服务和资产的交易规模扩大。实施固定汇率制度的缺陷就在于，实施固定汇率制度的国家发现它不能实行独立于基础国家之外的货币政策。因为固定的汇率消除了一个国家追求独立的货币政策的能力，实施固定汇率制度的国家相比那些实施浮动汇率制度的国家的稳定性更差。

如果两个国家经历的经济冲击足够相似（共同的稳定优先），并且如果这两个国家的市场一体化程度足够高，那么这两个国家应该就属于固定汇率体系中的一部分。图 8—1 表达了这一观点。在固定线上的一个点，例如 B 点，这两个国家的市场或者足够一体化，或者经历了足够相似的经济冲击从而能够找到一种可行的固定汇率制度。在这条固定线下的一个点，例如 A 点，这两个国家最好不要采用固定汇率制度。

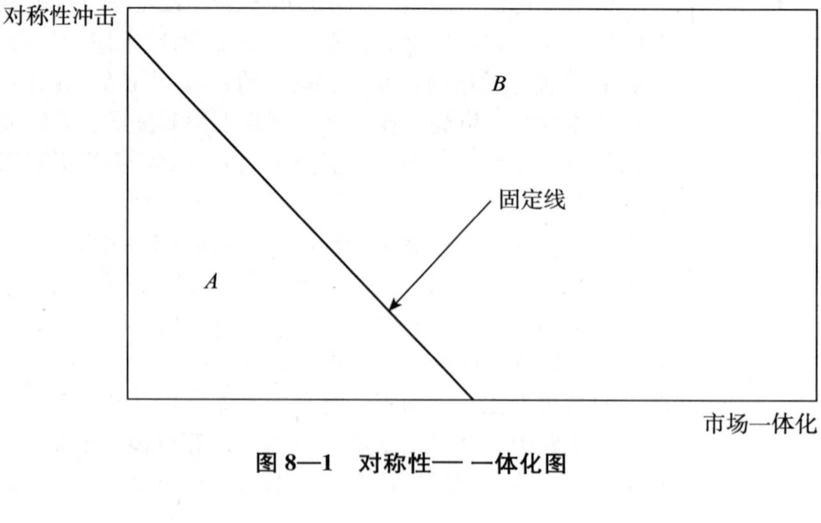

图 8—1　对称性—一体化图

随着时间的推移，在从 A 点移动到 B 点的过程中，实行固定汇率制度的这两个国家应该会变成更加适当的伙伴，或者在从 B 点移动到 A 点的过程中，这两个国家之间的关系变得更加不融洽。因此，固定汇率制度的出现或者消失都是不足为奇的。

关键术语

在关键术语后面的横线上写下你的解释。

金本位制：________________

基础货币：________________

中心货币：________________

非对称性冲击：________________

对称性—一体化图：________________

复习题

问题 1：假设母国将相对于外国（中心国）的汇率水平固定在某一水平上。假设母国受到对投资的负面冲击，这个冲击只降低母国的产出量，但是对外国的产出量没有任何影响。假设外国没有调整它的政策。母国为了稳定该国的经济，是否必须废除它的固定汇率制度？

____

提示

问题 1 提醒我们要注意：实施固定汇率制度并没有阻止一个国家使用财政政策来稳定该国的经济。

问题 2：为什么一个国家可能在之前将它的汇率钉住在一个国家的货币上，而之后开始将它的汇率钉住在另外一个国家的货币上？

____

问题 3：假设得克萨斯州和马萨诸塞州是两个使用它们自己的货币的国家。是否能明显地看出得克萨斯州能够从将其货币钉住马萨诸塞州的货币中获益？

____

问题 4：为什么一个实施固定汇率制度的国家可能会思考资本控制的问题？

____

2. 固定汇率制度的其他收益

基本概念

固定汇率制度可能会使得发展中国家通过其他机制而获得收益。第一，对于一个缺乏处理通货膨胀经验的国家来说，实施固定汇率制度可能是唯一使它获得可靠名义锚的途径。第二，实施固定汇率制度可能会使得具有如下特点的国家获得收益：这些国家的外部负债以如美元这样的外国货币来计价，然而它们的资产倾向于主要用国内货币来计价。实施负债美元化的国家发现它们的总财富对汇率的变化高度敏感：这个国家的货币贬值能够提高它的负债相对于资产来说的价值。发展中国家更可能会遭受类似的货币错配现象，因为外国人在购买当地货币资产时，不愿意暴露于汇率风险。那些拥有不良制度历史的国家被认为会从原罪中遭受损失：因为它的不良声誉，一个国家不能够从国外借入本币。

当一个国家的外汇债务超过它的外汇资产时，该国货币的贬值就会增加该国债务相对于资产的价值，从而使得本国居民变得更加贫穷。如果这个财富损失抑制了该国的消费和投资，那么该国货币的贬值实际上就会降低本国的产出而不是增加本国的产出。这个可能性可以通过下面的实证证据加以证明：那些由于剧烈贬值而遭受财富损失的国家，经受了产出大幅下降的过程。由于与浮动汇率制度下的汇率变动相关的问题，许多发达国家被认为出现了浮动恐惧症。

固定汇率制带来的这些额外收益，降低了对称性冲击和经济一体化程度之间的阈值之间的均衡度，这对于推动一个国家采用固定汇率制度很关键。因此，小型发展中国家通常实施固定汇率制度就不足为奇了。

关键术语

在关键术语后面的横线上写下你的解释。

浮动恐惧：________________________________

复习题

问题 5：通货膨胀共和国宣布将把它的货币钉住美元，目的就是控制通货膨胀——这个国家存在的一个永久性问题。为什么你对这个国家克服通货膨胀的可能性持有怀疑态度？

____

问题 6：母国的货币被固定在美元之上。母国拥有 1 亿美元的外部资产，并且拥有 1 亿欧元的外部负债。假设美元相对于欧元来说是贬值的，美元和欧元的汇率从 $E_{\$/€}=1$ 变成 $E_{\$/€}=1.5$。

6a. 货币变动对母国净外部财富会产生什么影响？

6b. 如果消费者和投资者的行为对总财富都比较敏感，那么通货变动会给母国国民产出带来什么影响？

问题 7：母国的大部分交易都是与欧盟进行的，但是母国的净外国债务的大部分都是用美元计价的。讨论一下母国在决定它的外汇制度的过程中所面临的挑战。

提示

问题 7 对为什么许多国家有时会将它们的货币钉住一篮子其他货币这个问题给出了一些有价值的信息。

问题 8：为什么一个国家在借入它自己的货币的过程中会存在一个困难时期？

3. 固定汇率制度

基本概念

固定汇率制度涉及许多国家。有关复杂的固定汇率制度的实例包括第二次世界大战之后提出的布雷顿森林体系和欧洲汇率机制（ERM）。这些体系都以一种储备货币体系为基础，在储备货币体系中，成员国将它们的货币价值固定在诸如美元这样的单一储备货币上，或者固定在遵循金本位制的商品之上。这些体系与金本位制不同的一个关键的特点就是，只有使用储备货币的国家能够追求独立的货币政策。然而，这种汇率体系中的每一个国家都可能被那个国家所特有的经济冲击所打击。因此，这部分所讨论的一个关键问题就是，能够建立哪种类型的合作安排来促进国家之间分摊负担。

假设一个储备货币体系中的国家遭受了负面冲击，那么这个国家的产出量就会下降到它的充分就业水平之下。因为这个国家为了保持该国的汇率固定不变而必须固定它的利率水平，所以这个国家不能单方面放松它的货币政策以应对这种冲击。有两种机制能够被用来维持这种固定的汇率体系，并且同时维持修复的作用。第一，体系中的所有国家都同意少量地降低它们的利率，但是并不是降低和这个国家所可能受到的负面冲击相同的程度。在这样的情况下，这种负面冲击在受到直接影响的国家当中就能够被部分抵消，但其他国家会发现它们的经济稍微受到过度刺激。另外，这个受到负面影响的国家能够通过改变它的货币与储备货币的汇率来低估它的货币。在这样的情况下，这个低估国家就能稳定它的经济，但是是以其他储备货币体系国家为代价的。非合作的低估是一种以邻为壑的政策，这种政策增加了体系中的国家之间的摩擦。

关键术语

在关键术语后面的横线上写下你的解释。

固定汇率制：________________________________

储备货币体系：________________________________

合作性安排：________________________________

低估：________________________________

重估：________________________________

以邻为壑政策：________________________________

复习题

问题 9：假设母国和外国是一个储备货币体系中的两个成员国（不是这个体系中的中心国）。这两个国家起始都处于充分就业状态。

9a. 假设外国削减其税收。如果母国政府没有采取任何措施，那么母国的产出会发生什么变化？

____

9b. 现在假设外国重新评估它的货币。如果母国政府没有采取任何措施，那么母国的产出会发生什么变化？

____

问题 10：为什么将你们国家的货币固定在黄金上比固定在其他国家的货币上更加可取？

____

问题 11：假设母国将本国货币的价值固定在外国的货币上。外国抱怨说母国的货币现在被低估了。

11a. 如果外国没有采取任何措施，那么母国的行为对外国的国民产出会产生什么影响？

____

11b. 外国能否使用货币政策来抵消母国行为对外国国民产出产生的影响？如果可以，那么母国行为对外国贸易余额产生的影响是什么？

提示

问题 9 指出国家之间存在各种类型的国际联系，甚至呈现在一种固定汇率体系之中。

问题 11 显示出中国和美国之间近期经济关系的一些特点。

4. 国际货币经验

基本概念

这部分使用这一章所介绍的概念框架来解释汇率体系的现代历史。这个框架的一个关键宗旨就是，固定汇率制的最大好处就是能够促进国际交易和其他交易。在 1870 年到 1914 年间，这样的交易的快速增长能够部分地解释为什么将它们的货币钉住在黄金上的国家数量从 15%增加到了 70%。随着越来越多的国家将货币钉住黄金，那些采取同样措施的国家所获得的一体化好处也是不断增加的。这正是一个有关网络外部性的实例。

金本位制的废除也可以借助这个概念框架来理解。在第一次世界大战期间，世界贸易的破产和世界大战之后保护主义的抬头降低了固定汇率制所带来的收益。更进一步来说，先前由极少数精英控制的国家之间不断上升的政治活动，能够使得固定汇率制的成本变得更加不稳定。最后，在世界大战期间，国家受到不对称的经济冲击的打击，并且这种以邻为壑的低估增加了钉住黄金的成本。

第二次世界大战将金本位制永久性地推下了国际舞台。由美国和英国设计的布雷顿森林体系是一种储备货币体系，在这个体系中，所有参与国都将它们的货币钉住美元，然而美国反过来将它的货币钉住黄金。起始，这个体系中的大部分参与国实施资本控制，以便能够自主地实施一些货币政策。然而，随着时间的推移，这些资本控制变得很难执行。接下来的货币政策自主性的下降使得人们担忧美国会改变其将货币钉住黄金的做法，从而导致 1971 年这个固定汇率体系的终止。从那时起，国家以狭隘的个人需求为基础来选择它们的汇率制度。各个国家选取的汇率制度存在巨大差异，并且各国在不同时段选取的汇率制度也存在巨大差异。

复习题

问题 12：在布雷顿森林体系中，美国由于输出它的通货膨胀影响而受到指责。如果一个汇率体系中的中心国增加它的货币供给，那么这个变动对体系中的其他国家的价格水平会产生什么影响？

问题 13：为什么使得你们国家货币的固定媒介与其他国家货币的固定媒介相同这一做法会变得更加具有吸引力？

问题 14：为什么资本控制能够使得固定汇率制易于管理？

第 9 章　汇率危机：钉住汇率制的运作与解体

概　要

从整个现代历史来看，许多国家发现它们一直处于一个循环状态，在这个循环当中，它们在某一年会将它们的汇率固定在某一水平上，但在之后的一些年份中，又会被迫让汇率变成浮动的。当这个固定汇率被推翻时，许多国家通常会经受汇率危机：经受汇率的快速贬值、深度衰退和其他形式的金融风暴，诸如大规模的银行倒闭。

这一章建立了一个理论框架，我们可以借助这个理论框架来理解引起汇率危机的因素。这个理论框架的首要观点就是观察到，一个实施固定汇率制的国家的中央银行必须持有外国货币资产（外汇储备），以便这个国家能够介入支持固定汇率。任何能够降低中央银行持有的外国资产的冲击或者政策行为，都可能会增加一个国家将要经受的例如汇率危机这样的风险的可能性。这些冲击可以被分成两种形式：(1) 能够引起中央银行负债和资产收缩的货币需求的减少；(2) 能够引起它的资产组合发生变化的中央银行贷款的变动。

下面依次讨论汇率风险的第一代模型和第二代模型。第一代模型将焦点聚集在财政政策所发挥的作用上，这个财政政策是不支持维持一种固定汇率制度的。第一代模型适合用来描述20世纪80年代拉丁美洲的汇率风险历史。第二代模型将焦点聚集在政府在承诺维持一种固定汇率制问题上的无能是如何与投资者对汇率危机将发生的预期之间发生相互作用的。如果投资者突然产生汇率风险迫在眉睫的恐惧，那么利率就可能要上升并且政府就可能要放弃汇率的钉住制度。近年来，那些自我实现的汇率风险变得更加普遍。

1. 有关汇率风险的事实

基本概念

当汇率突然发生大幅贬值时，就出现了汇率危机。汇率危机能够发生在任何发展水平的国家中，但是相比发达国家来说，它们更可能对发展中国家带来灾难性的后果。例如，尽管发达国家和发展中国家都可能在一场汇率危机中遭受经济衰退的过程，但是发达国家在汇率危机之后会很快复苏，然而发展中国家更容易进入程度更深的衰退时期。

造成需要付出巨大经济和社会成本的汇率危机的一个原因就是，危机通常伴随着大规模的银行倒闭（也就是银行业危机）和政府失去偿债能力（也就是违约危机）情况的出现。当汇率危机与银行业危机或者违约危机一起发生时，这样的情况就被称为双重危机。当汇率危机发生时，同时银行业危机和违约危机也发生，这种情况被称为三重危机。根据汇率危机中出现的社会和经济秩序混乱现象来看，这些危机的发生伴随着政治动乱就不足为奇了。

关键术语

在关键术语后面的横线上写下你的解释。

汇率危机：________________

银行业危机：________________

违约危机：________________

双重危机：________________

三重危机：________________

复习题

问题1：程度为多大时，贬值才能被称为一场“汇率危机”？

问题 2：金融部门中的哪些情况能够增加汇率贬值的严重性？

问题 3：银行业危机是如何引起汇率危机的？

提示

在你回答这一章所提出的问题的过程中，思考一下银行业危机和汇率危机同时发生的情况。

2. 钉住汇率制如何运作：固定汇率制的机制

基本概念

中央银行通过愿意并且能够以一种固定的汇率购买或销售外汇的方式来维持固定汇率体系。为了做到这一点，中央银行必须持有外汇资产存量，也就是所谓的外汇储备。那些不以外国货币计价的中央银行资产被统称为国内信贷。中央银行通过发行的货币购买这两种类型的资产，所以货币供给 M（假定这里的 M 等于基础货币）就等于外汇储备 R 和国内信贷 B 之和，或者说可以表示为：$M=R+B$。本章的大部分分析都集中在中央银行资产负债上，因为银行的负债变化会引致资产变化。银行资产的构成当然也很重要，因为若一个中央银行的外汇储备全部用完，那么它就不可以继续维持固定汇率制度。换句话说，当外汇储备全部用完即 $R=0$ 时，就会发生汇率危机。

因此，以货币需求方程作为分析汇率危机的开端，货币需求方程表示为：$M=P\times L(i)Y$。P 表示在短期内假定固定不变的价格水平。假设基础货币是中央银行唯一的财富，我们就可以得到下面的表达式：$R+B=M$。将这两个方程联合起来就可以得出下面的关键方程：

$$R = P\times L(i)Y - B$$

给定货币需求量和现存的国内信贷 B 的水平，中央银行的外汇储备就必须进行调整，以便使得货币供给等于货币需求。假设均衡状态被货币需求的增加所打破，那么从目前来看，货币供给就超过了货币需求。如果国内信贷保持不变，那么资本就一定会流入这个国家，此时外汇储备 R 就会扩大。另外，母国的利率就可以上升到世界利率水平之上，在这种情况下，根据给定的固定汇率，它们就不可能再次达到均衡状态。国内信贷的减少也会出现同样的效果。最重要的是要让外汇储备自主调整货币需求的变化或者国内信贷的变化。

图 9—1 显示了上面讨论的这一情况。货币需求决定货币供给的水平，横坐标表示货币供给，图中给出了一个实例，货币供给量为 1 000 时的情况。根据我们给出的简单假设条件，货币供给等于国内信贷（B）加上外汇储备（R）。在这个例子中，外汇储备等于货币需求减去国内信贷，即等于 500。

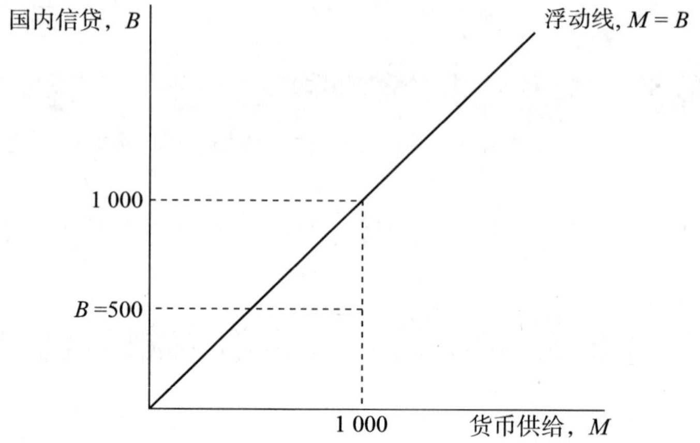

图 9—1

假设国内信贷从 500 上升到 1 000，那么外汇储备将会变成 0，这个国家将会被迫浮动该国的汇率。这正好解释了图中展示的浮动线。任何通过 $L(i)Y$ 或者通过 B 引起的货币冲击都将会对外汇储备产生影响。由于利率 i 的上升、产出 Y 的减少或国内信贷 B 的大幅增加而引起的货币需求的大幅减少，都将会导致外汇储备 R 的下降，并且会引起一场潜在的汇率危机。外汇储备在中央银行的资产中所占的比例（支持比率）越大，也就是货币供给中由外汇提供的比例越大，发生一场汇率危机的风险就越小。货币局被认为是固定汇率体系中尤其安全的类型，因为它的支持比率为 100%。

有多种冲击对造成汇率危机来说都很重要。首当其冲的是那些降低货币需求 $L(i)$ 的冲击。货币需求波动是指一个国家的风险溢价发生了变化：一个国家资产的额外回报必须能够支付起对遭受以下两个风险的投资者的补偿额。这两个风险为：这个国家的货币可能会贬值（汇率溢价）或者借款人可能不能偿还借款（违约溢价）。国家之间利率差额的扩大说明了风险溢价的运动。当银行系统走向破产，中央银行就被迫通过增加国内信贷来使得银行系统摆脱困境，此时另外一种类型的冲击就会发生。

最后，这部分考虑了一个更加现实的中央银行资产负债表，在这里允许存在中央银行将会发行冲销债券的可能性。这些债券不是货币，但是这些债券允许国家改变它的资产水平。许多发展中国家都已经发行了类似的债券，目的就是增加它们的支持比率，但是实施这样的政策是要付出代价的，因为这样的债券要比外汇储备支付更高的利率。

关键术语

在关键术语后面的横线上写下你的解释。

国内信贷：____________________

储备：____________________

中央银行资产负债表：____________________

资产：____________________

负债：____________________

浮动线：____________________

固定线：____________________

支持比率：____________________

货币局：____________________

风险溢价：____________________

利率差：____________________

货币溢价：____________________

国家溢价：____________________

冲销债券：____________________

可信性：____________________

传染：____________________

冲销：____________________

破产：____________________

救助：____________________

流动性不足：____________________

银行挤兑：____________________

最后贷款人：____________________

复习题

问题 4：为什么说货币局是中央银行资产负债表的最安全的配置？

____

问题 5：中央银行如何实现在不改变货币供给或者它的国内信贷存量的前提下增加它的外汇储备？为什么说这种增加外汇储备的方式对中央银行来说是比较昂贵的？

____

问题 6：被称为母国的国家拥有 100 比索的货币需求和 50 比索的国内信贷。

中央银行不存在效果显著的冲销债券。

6a. 这个国家的外汇储备一定是多少？

6b. 假设中央银行被迫增加 45 比索的国内信贷，以便救助那些面临破产的金融公司。这个直接效应会否导致一场汇率危机？

6c. 根据前面描述的那个冲击，哪些额外的因素能够迫使这个国家陷入一场汇率危机？

问题 7：假设一个实施固定汇率的国家的利率突然从 5%上升到 30%，但是政策措施却没有发生变化。

7a. 这个国家是否会实施钉住制度？

7b. 如果政府部门没有实施公开市场操作业务，那么支持比率会发生什么变化？应用下图给出你的答案。

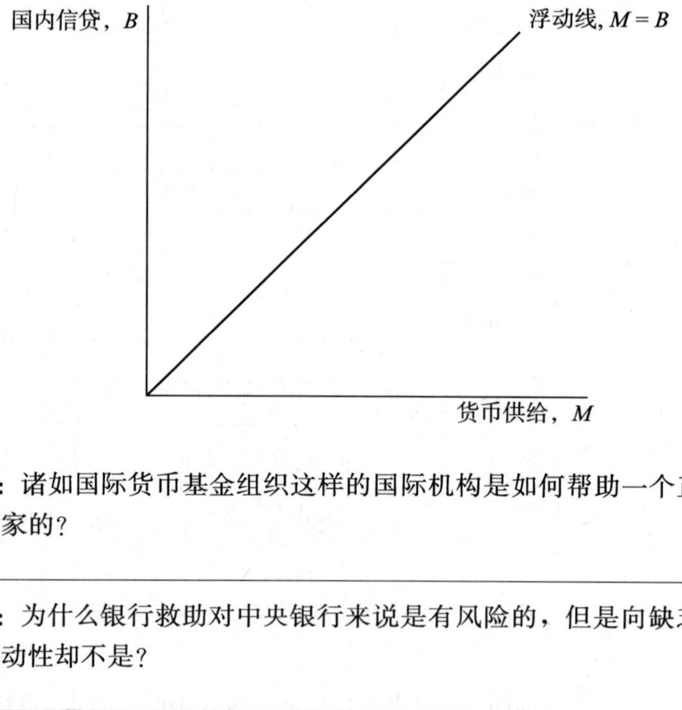

问题 8：诸如国际货币基金组织这样的国际机构是如何帮助一个正处于汇率危机中的国家的？

问题 9：为什么银行救助对中央银行来说是有风险的，但是向缺乏流动性的银行提供流动性却不是？

问题 10：（多项选择）假设母国的许多居民都在美元账户中持有本国的存款，然而其他人持有比索账户。美元账户之间的利率差异和美国的利率是 5%，比索账户之间的利率差异和美国的利率是 10%。

a. 国家溢价为 15%。

b. 货币溢价为 10%。
c. 货币溢价为 5%。
d. 国家溢价为 10%。
e. 所有选择全不正确。

3. 钉住汇率制如何解体 I：相悖的财政政策

基本概念

在 20 世纪 70 年代末和 80 年代初，引起汇率危机的一个普遍原因就是那些不支持维持一种固定汇率制度的财政政策。当政府部门能够激励中央银行购买它的债券时，这样的情况就是所谓的财政优先，这些财政政策就产生了。当一个政府部门为了资助一项庞大而持续的财政赤字而依赖于中央银行去扩充国内信贷时，中央银行将会损失外汇储备。一旦这些外汇储备被用完，那么一场汇率危机就会随即而来。

第一代危机模型使得驱使货币增长成为汇率危机的导火索的赤字的含义正规化。这个模型建立在第 3 章讨论的汇率的货币理论的基础之上。关键的假设就是投资者对有关汇率危机到来时间的预期。在短视情形下，投资者不会预测汇率危机，一旦汇率已经变得不可持续，投资者才会对此作出必要的反应。随着国内信贷持续增长，外汇储备就会逐渐地变为零，固定汇率制度就会瓦解。今天，投资者意识到汇率的名义锚已经被消除，所以现在预期通货膨胀会以货币增加的比率继续进行。根据费雪效应可知，因为利率上升，所以货币需求会下降。货币需求的下降会立即引起价格上涨，并且绝对购买力平价要求汇率发生剧烈贬值。结果就是，任何一个持有本国货币资产的投资者都将遭受资本损失。

当这种汇率制度瓦解时，根据投资者经历的潜在庞大的资产损失，就很容易理解投资者将可能倾向于对汇率制度的瓦解进行预测。如果投资者能够预先知道而不是在近期内才知道，那么他们可能将会增加投机性冲击，他们会突然买进中央银行所有的外汇储备，从而加速了汇率危机的发生。只要由中央银行外汇储备损失引起的货币供给的减少量等于隐含在费雪效应中的货币需求的减少量，这个投机性冲击就会发生。这个条件可以用下面的方程来表达：

$$R/M = -\Delta M/M = \Phi \times \mu$$

方程等号左边表示支持比率，方程等号右边表示货币需求对利率变化的反应值乘以国内信贷未来的增加比率。这和短视情形不同，这个情况暗示出从一个固定汇率向一个持续地贬值的汇率的平滑转变过程。

关键术语

在关键术语后面的横线上写下你的解释。

第一代危机模型：____________________

财政主导：____________________

投机性冲击：____________________

国际货币基金组织：____________________

复习题

问题 11：母国的货币比索以每美元等于 1 比索的比率钉住外国货币美元。外国的价格水平为 $P^*=1$，它的通货膨胀率等于零，它的利率为 5%。母国的财政赤字由国内信贷以 30%的比率增长来支持。假设投资者都是短视的。下面这些问题逐步地增加有关母国情况的信息。

11a. 假设母国持有的外汇储备为正值，那么母国的通货膨胀率是多少？

____

11b. 现在假设母国的外汇储备在 t 时刻变为零，那么在 t 时刻母国的利率是多少？

____

11c. 假设在 t 时刻之前，实际货币需求量 $L(i)$ 为 200，在 t 时刻，实际货币需求量 $L(i)$ 变为 100。在 t 时刻，母国的价格水平会发生什么变化？

____

11d. 请解释为什么实际货币需求量在 t 时刻可能会下降。

____

11e. 在 t 时刻，母国的汇率会发生什么变化？请给出精确的数字。

____

11f. 假设作为一个投资者，你拥有 10 比索和 10 美元。在 t 时刻，你的资产的美元价值会发生什么变化？

提示

一个国家货币的突然剧烈贬值，会导致国内储户的财富出现庞大的资产损失，因为他们资产的大部分都倾向于用本国货币计价。

在近期模型中出现的汇率的急剧下降，与第 2 章阐述的自由变动的汇率制度是相一致的。

问题 12：母国实施固定汇率制度。假设母国的国内信贷以 20%的速率在扩展。货币需求对利率变化的响应值等于 2。

12a. 假设支持比率等于 50%。汇率危机是否会即将发生？

12b. 假设在 t 时刻建立起一个新的政府，这个政府承诺要增加政府的支出。因此，人民预期货币增长幅度会扩展到 40%。汇率会发生什么变化？

问题 13：假设你是国际货币基金组织的一名官员。A 国的外汇储备日益减少，A 国联系上你并且向你申请一项紧急贷款，以便补充它的外汇储备。在什么样的情况下你会不情愿将款贷给这个国家？

提示

问题 12 指出了预测汇率危机出现的时间的重要性。

在短视模型中，外汇储备的损失是平滑的，当汇率危机发生时，汇率才会出现突然的波动。在具有前瞻性的模型中，外汇储备突然下降到零，然而汇率贬值的速度却是平滑的。

问题 13 揭示出已经困惑国际货币基金组织多年的一个问题。如果一个国家正在实施一项与维持它的汇率相违背的政策，那么贷款只能推迟一场不可避免的汇率危机。由于这个原因，国际货币基金组织经常要求国家减少预算赤字额并且限制国内信贷的增长。

4. 钉住汇率制度如何解体Ⅱ：权宜货币政策

基本概念

第二代危机模型解释了那些实施合理且一致的财政政策的国家可能如何经历一场没有任何明显原因的汇率危机。从这个模型中观察到的一个关键结论就是，如果固定汇率的成本变得足够大，那么政府部门就会允许汇率浮动。政府对钉住汇率制度有一个权宜承诺：只要这个制度适合政府的要求就一直保持这个制度。

假设投资者在某一天醒来时，突然害怕一个国家将要抛弃它的钉住汇率机制并且允许它的货币浮动。不管这个担心是基于确凿的证据还是没有任何根据，投资者的信心发生这样的突然变化，在理论上都会增加这个国家的风险溢价，并且迫使这个国家的利率上升。高利率可能有害于这个经济体，并且会增加维持固定汇率制的成本，从而导致政府放弃钉住汇率制度。在这个模型中，预期的变化可能会导致一场本来不会发生的汇率危机的出现。也就是说，预期可能会自我实现。这个模型能够实现多重均衡：没有人预期会发生危机（钉住制度是很可信的），就不会发生危机；或者说每个人都预期会发生危机（钉住制度是不可信的），就会发生危机。

关键术语

在关键术语后面的横线上写下你的解释。

第二代危机模型：________________

权宜承诺：________________

多重均衡：________________

自我实现均衡：________________

角假设：________________

复习题

问题 14：什么样的信息应该被收集用来说明一个国家的钉住制度的可信性或不可信性？

____

问题 15：在经济衰退时期，为什么固定汇率制更加可能瓦解？

____

问题 16：一个货币局能否帮助阻止一场自我实现的汇率危机的发生？

____

提示

理解这部分所使用的有关均衡的概念是非常重要的。政府和投资者根据另一方的行为去选择对他们来说最好的行为方式，否则双方的境况都可能会更糟。

政府部门在采取行动时必须更加谨慎，以免给投资者造成一种汇率危机可能即将发生的错觉。由财政大臣所作出的一个不经意的评论都可能会引起投资者预期的改变。

第 10 章 欧 元

概 要

欧元区是指由属于欧洲的国家组成的一个组织，并且它们都把欧元作为它们的货币。经多年精心筹划并且在欧洲经济和政治经历了一段更长时期的整合后欧元终于在 2000 年被创造出来，现在欧元已经作为一种完备货币而存在。这一章的目的就是尽最大可能地理解这个欧元工程的逻辑。欧元存在的经济逻辑性能够应用最优货币区理论来分析。一系列国家的经济整合得越好，这些国家的直接冲击的对称性就越好，它们就更加可能从使用一种相同的货币中获得净收益。政治性的逻辑是指分享同一种货币能够增加这一系列国家的统一感。这个分析表明从经济角度来看，欧元是毫无意义的，所以欧元存在的主要理由就在于它的政治性。

有关欧元区的争论的关键之处在于欧洲中央银行（ECB）的目标和结构。欧洲中央银行是高度独立的，它不向任何政府机构汇报工作，它的首要目标就是阻止通货膨胀的发生。评论家们担心欧洲中央银行的其他目标，诸如应对衰退和向存在困难的金融机构提供贷款，不能受到欧洲中央银行的足够重视。另一方面，加入欧洲中央银行的国家的愿望一定是想能够部分地分享由价格的稳定性所带来的收益。进入欧元区的标准就是，要求国家证明它们将能经受与低通货膨胀环境相一致的货币和财政约束。

1. 欧元的经济学

基本概念

两个国家或者更多的国家能否使用同一种货币？或者说它们是否应该单独使用它们自己的货币？最优货币区（OCA）理论准确地阐述了这个问题。共享一种货币的好处和坏处与实施一种固定汇率制的好处和坏处存在很大程度的相同点。正如第 8 章所讨论的那样，实施固定汇率制消除了汇率的波动性，从而使得国际贸易更容易开展（市场一体化的效率收益），但是固定汇率制也使得单一国家不可能去追求一种针对本国经济冲击的货币政策（稳定的成本）。其他情况都相同，经济高度一体化并且容易受到共同冲击（而不是非对称性冲击）的国家，更可能从使用共同货币的行为中获益。图 10—1 说明了这种情况。图中实对角线上面的那些点，例如 B 点和 C 点，表示实施固定汇率的经济收益超过经济成本的点，然而在这条实线之下的点，例如 A 点，表示实施固定汇率的经济成本超过经济收益的点。

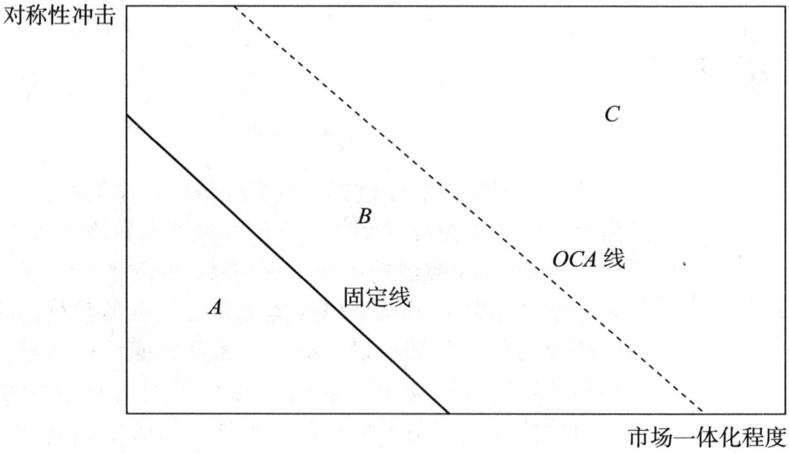

图 10—1　固定汇率制与最优货币区标准的比较

固定汇率制与货币区的关键区别在于，实施固定汇率制度的那些国家可能会在它们自己的货币政策的管束下转变为浮动汇率制度，然而货币区内的那些国家可能因为接受一种新的货币而不得不招致巨额的费用。由于货币区内的国家相对于固定汇率制的国家需要面对更多的限制条件，一个最优货币区的标准会更加苛刻。所以，如图 10—1 中的 C 国可能会从最优货币区内获得收益，而 B 国可能会从固定汇率制而不是一个最优货币区获得收益。

这里存在与最优货币区相关但并非针对固定汇率制的三个其他标准。第一，工人在国家之间流动的能力越强，国家之间的非对称性经济冲击的重要性越小，因为工人能够通过流入其他国家而带来更多的产出。第二，那些能够重新分配受到正面冲击的国家与受到负面冲击的国家之间的政府支出的政府机构的存在，同样可以降低一体化的成本。第三，那些曾经实施效果不理想的货币政策的国家（也许表现为通货膨胀偏差），可能通过向外界割舍货币控制权的方式而获得收益。最后，政治动机也可能弥补部分经济损失。

这部分通过对比美国和欧洲的最优货币区标准而得出结论。根据市场一体化和对称性冲击标准来看，美国和欧洲很相似，但是根据其他标准来看，欧洲远远落后于美国。然而，最优货币区本身可能就会帮助增加一体化的程度。

关键术语

在关键术语后面的横线上写下你的解释。

货币联盟：____________________

欧元区：____________________

欧元：____________________

最优货币区（OCA）：____________________

通货膨胀偏差：____________________

复习题

问题 1：厄瓜多尔是一个很小的发展中国家，并且它与美国几乎没有共同点，它放弃自己国家的货币，而选择使用美元作为本国的货币。什么原因可以解释厄瓜多尔选择采用美元而不是继续钉住自己国家的货币？

问题 2：即使典型的最优货币区的标准目前并没有得到满足，对加入欧洲货币联盟我们也可以得出什么论断？

问题 3：对于一些国家来说，它们是否可能满足采用共同货币的标准，但在多年后才发现其实它们并没有满足这些标准？

---

2. 欧元的历史与政治

基本概念

欧元计划的发展遵从一个循序渐进、有机的整合过程，这个过程是以第二次世界大战之后在欧洲发生的系统性重建为开端。为了促进欧洲合作而设计的机构要追溯到欧洲最高总署，创建这个机构的目的就是分配和管理那些由马歇尔计划提出的重建欧洲的资金。在整合过程中存在的另外一个重要的里程碑就是1957年签订的《罗马条约》，这个条约设定了建立欧洲经济共同体的计划。在20世纪70年代早期，固定汇率的布雷顿森林体系的瓦解，成为创造一种能够培养欧洲经济联盟的货币体制的一个动力。欧洲货币体系（EMS）在1979年提出了汇率机制（ERM），这个机制本质上是一种迷你的欧洲固定汇率体系（这种机制允许汇率在一定范围内波动），在这个体系中，德国的马克事实上是一种储备货币。

1989年柏林墙的坍塌对欧洲认同感和经济整合的适当范围提出了新的挑战。1991年《马斯特里赫特条约》创建了欧洲联盟的概念，并形成了欧盟公民的概念，并且引发了一轮新的国家加入联盟的热潮。这个条约建议创建一种像欧元这样的单一货币，来取代固定的欧洲货币的地位。在1992年，尽管欧元经受了汇率机制（ERM）危机，但是几个国家的钉住汇率制度也被瓦解。在最受关注的国家中，只有英国尚未采用欧元作为它的货币。自从1992年之后，欧元已经跨过了它的计划阶段，在1999年变成一种记账单位，在2000年取代了11个欧洲国家的货币。自从那时起，欧元区的国家数量已经扩展到13个，并且有其他国家正在等待加入。

关键术语

在关键术语后面的横线上写下你的解释。

马歇尔计划：________________________________

《罗马条约》：________________________________

汇率机制（ERM）：________________________________

《马斯特里赫特条约》：________________________________

欧洲联盟（EU）：________________________________

经济货币联盟（EUM）：________________________________

汇率机制危机：________________________________

欧洲中央银行（ECB）：________________________________

复习题

问题 4：1995 年的《申根条约》是如何为创建欧元做好准备的？

问题 5：汇率机制危机是如何引致对欧洲是一个最优货币区的怀疑的？

---

3. 欧洲中央银行与欧元区的理论与实践

基本概念

当欧元作为欧元区的官方货币被引入时，欧洲中央银行就从各国中央银行手中接管了货币政策的工作。欧洲中央银行是在德国模型之后被构造出来的，这样就有助于实现价格稳定或者低通货膨胀率的目标。欧洲中央银行的首要目标是维持价格的稳定性。它禁止对财政赤字进行融资，它不能在一次危机过程中扩展金融机构的信贷，并且它不会接受外部政府的监管。欧洲中央银行的各项决定是通过它的管理委员会作出的，这个管理委员会是由欧元区各国中央银行的政府官员加上它的执行委员会的六名官员组成，并且欧洲中央银行的各项决定是通过一致通过来达成的。那些支持欧洲中央银行独立并且把焦点放在稳定价格上的支持者相信，欧洲中央银行能够通过把信用借给年轻机构的方式来扶持这些年轻机构。评论家们指出独立是一种反民主主义的做法，并且指出痴迷于价格稳定是以产出量稳定为代价的。

为了加入欧元区，一个国家必须首先满足由《马斯特里赫特条约》提出的五个趋同标准。这些标准中的三个都要求国家证明它们愿意接受一种低通货膨胀环境所提出的苛刻条件。它们必须将它们的货币钉住欧元，允许通货膨胀率下降，并且缩小它们的利率和欧元区其他国家的利率的差异。同时这些国家也必须证明它们有能力通过保持预算赤字低于国内生产总值（GDP）3%和保持政府的债务水平少于国内生产总值 60%来遵守这种财政纪律。这个逻辑再一次表明，遵守纪律的国家不可能促成高通货膨胀来侵蚀政府债务的实际价值。一旦这些国家成为欧元区的一部分，那么它们就会努力满足《稳定与增长公约》的财政标准，但是对预算赤字的这些约束被广泛忽略了。

关键术语

在关键术语后面的横线上写下你的解释。

趋同标准：______

《稳定与增长公约》(SGP)：______

复习题

问题 6：为什么《稳定与增长公约》有时被认为是一个愚蠢的公约？

______

问题 7：《马斯特里赫特条约》的名义趋同标准的目的是什么？

______

问题 8：与欧洲中央银行相关的一个关键争议聚焦于它相对于加盟国的完全独立性问题。

8a. 假设欧洲中央银行具有独立性，那么对它的行为的约束是什么？

______

8b. 支持独立性的最主要的论断是什么？

______

8c. 反对独立性的最主要的论断是什么？

______

8d. 为什么有时这样的安排被称为“德国模型”？

______

问题 9：哪些经济论点能够支持《稳定与增长公约》对财政赤字的限制是国内生产总值的 3%，而不是更加严谨的国内生产总值的 2%？

______

问题 10：欧洲联盟的扩大是如何增加欧洲中央银行管理的复杂性的？

______

问题 11：假设一个国家希望采用欧元作为它的货币。这个国家在没有欧洲联盟同意的前提下能否实现它的这个目标？

提示

中央银行的独立性对克服通货膨胀偏差是非常重要的，这个观点被广泛传播与理解。然而，在任何存在独立中央银行的地方，都会有人批判这一独立性。

第 11 章　国际宏观经济学专题

概　要

这一章的四个部分分别阐述了有关国际宏观经济学的长期利率的四个问题。第一部分分析了随着时间的推移和空间的转换，实际汇率所发生的系统运动，这些运动是由那些限制可能存在的国际套利行为数量的交易成本引起。实际汇率的变化可以被分解为长期趋势和与长期趋势存在偏差的短期趋势。可以应用巴拉萨-萨缪尔森模型来预测长期趋势，这要归功于由生产力快速增长而引起的实际汇率的增值。短期趋势与长期趋势之间的偏差，随着时间的推移会逐渐缩小，由此看来，实际汇率倾向于向它们的长期均衡水平收敛。

第二部分分析了无抛补利率平价中所出现的系统失灵，这个缺陷给投机者创造了扰乱市场的机会。然而，这些“超额回报”并没有因为套利的存在而消失，因为这些关键的投资是具有高度风险的。这个超额回报对于弥补那些承担额外风险的投资者来说非常重要。第三部分分析了日益严重的全球失衡状况，这种状况是以美国大规模的经常账户赤字的形式表现出来的。这个部分解释了为什么这些失衡会发生，它们是否会长期存在，以及如果失衡消失，又会出现什么结果等问题。

最后一部分阐述了主权违约现象：政府无法偿还它们对国际贷款人的债务的现象。因为只要国家愿意，它们就可以自由地对它们的债务进行违约，所以使用这个模型来分析和衡量违约的成本和收益情况。得出的一个重要结论就是，发展中国家存在的更加明显的产出波动，解释了为什么它们仅仅被允许借入小量的资本，为什么它们所支付的利率比较高，以及为什么这些国家最可能对它们的债务进行违约这几个问题。

1. 长期汇率：偏离购买力平价

基本概念

各个国家的价格水平存在系统性差异。例如，发展中国家的价格水平要低于发达国家的价格水平。购买力平价中存在的差异可以归因于商品和信息在国际之间流动的成本。交易成本给国家之间的套利行为造成一定的限制，允许实际汇率在无套购波幅内自由地变化。交易成本越高，变化范围越大。有关交易成本的实证研究，被定义为包括当地分销成本。这个实证研究表明这些成本可能要占到典型商品价格的74%之多。实际上这是一项很大的成本。

交易成本的概念不仅能够被用来解释为什么数据显示购买力平价经常出现失误，而且能够被用来解释为什么它所选取的方式出现失误。巴拉萨-萨缪尔森模型说明了交易成本是导致发达国家的价格水平更高的原因。这个典型的价格篮子被用来测量一个既包括可交易的制造业产品又包括不可交易的服务的国家的价格水平。假设在制作进行交易的制造业产品的过程中，发达国家的劳动力的生产率要强于发展中国家的工人的生产率，但是在不可交易的服务的产出方面，这两种国家的生产率不存在差异。如果两种国家生产制造业产品，并且在生产过程中不存在交易成本，那么发达国家的工人的工资水平将会高于发展中国家的工人的工资水平。较高的工资抬高了发达国家的服务的价格，这就是众所周知的巴拉萨-萨缪尔森效应。

一个国家的实际汇率的变化可以包括长期趋势（诸如一个国家的生产率是如何快速增长的）和与长期趋势存在偏差的短期趋势。当实际汇率高于它的长期趋势（被低估）时，随着时间的推移，实际汇率就会出现逐渐升值的趋势。当实际汇率低于它的长期趋势（被高估）时，随着时间的推移，实际汇率就会出现逐渐贬值的趋势。这个收敛的过程是缓慢的，大约需要5年的时间来缩小实际水平和长期趋势之间的一半差异。总而言之，预测实际汇率的未来变化情况时需要考虑到趋势和这个趋势的逆转情况。

关键术语

在关键术语后面的横线上写下你的解释。

贸易成本：____________________

无套购波幅：____________________

巴拉萨-萨缪尔森效应：____________________

均衡实际汇率：____________________

复习题

问题 1：假设贸易成本是 15%。实际汇率被高估的程度是多少？

问题 2：在过去的 30 年里，贸易成本被认为已经下降。当其他条件保持不变，这种现象对名义汇率波动会产生什么影响？

问题 3：假设母国的实际汇率是 0.6。这一情况能够足以表明实际汇率是被高估还是被低估吗？

问题 4：巴拉萨-萨缪尔森效应建立在几个假设条件的前提之上。

4a. 如果所有产品和服务都可以自由地进行贸易，那么巴拉萨-萨缪尔森效应是否会发生？

4b. 如果不同国家的可贸易产品的生产率与这些国家的不可贸易产品的生产率相同，那么巴拉萨-萨缪尔森效应是否会发生？

问题 5：在什么意义上生产能力的快速增长与通货膨胀是相关的？

问题 6：假设国家实施固定汇率制，并且它的实际汇率被低估。

6a. 什么机制允许实际汇率向它的均衡水平收敛？

6b. 相对于实行浮动汇率制的国家来说，收敛速度可能变慢还是变快？

2. 短期汇率：偏离无抛补利率平价

基本概念

在整本书中，我们都假设外汇市场是一个有效的市场，在这个市场上，只要资本在国际上能够自由流动，所有资产的预期收益都趋于相同。然而，实证研究已经表明，无抛补利率平价条件易受系统性预测误差的影响。参与套息交易（借入低利率的货币，然后用所得款项购买用高利率货币表示的存款）的个体可能会获得超额收益（高于平均利润）。

为了解释外汇市场是无效的这个事实，经济学家使用了另一种套利限制理论。汇率会剧烈地波动，所以那些参与套息交易的个体要承担一定的风险。相对于诸如购买国内公司股票这样的其他类型的投资来说，这个套息交易的夏普比率比较低，或者说预期超额收益与超额收益标准差的比率较小。在某种意义上来说，这个微量的超额收益一定会实现，以便补偿那些进行外汇投机行为的投资者所承担的风险。换句话来说，根据给定的投资者所要承担的较高的风险，投资者不愿意对预期利润的微小差异进行套息活动。在风险较高的发展中国家，当地的利率可能会非常高，这种情况也就是众所周知的比索问题：对汇率波动问题存在的恐惧感可能会带来庞大的利润，但是要以承担较高的风险为代价。

关键术语

在关键术语后面的横线上写下你的解释。

套息交易：________________

比索问题：________________

有效市场假设：________________

预测误差：________________

理性预期假设：________________

有限套利：________________

无效市场：________________

超额收益：________________

夏普比率：________________

复习题

问题 7：假设你有 100 000 日元可用于投资。在日本年利率为零，而在澳大利亚年利率为 10%。美元和澳大利亚元目前的即期汇率分别为：$E_{US\$/¥}=100$，$E_{Aus\$/¥}=0.75$。

7a. 你将 100 000 日元全部投资在澳元存款上。如果在这一年汇率没有发生变化，那么你在这一年年底将会拥有多少日元？

____

7b. 根据你对问题 7a 的回答，与无抛补利率平价相关的预测误差是多少？

____

7c. 你给出的问题 7a 的答案的超额收益是多少？

____

7d. 你从贸易中赚钱的事实是否能够驳斥有效市场假设？

____

7e. 现在假设你在自己所拥有的 100 000 日元的基础上，又额外借了 900 000 日元投资到澳大利亚的债券上。如果汇率在这一年保持不变，那么在这一年年底，你将会赚取多少日元？

____

7f. 现在假设日元升值 14%，重复回答问题 7e（一定要注意使用正确的汇率）。

____

问题 8：如果无抛补利率平价条件不成立，那么汇率套利的夏普比率会是多少？

____

问题 9：能够共同应对购买力平价和无抛补利率平价的困难的解决办法是什么？

____

提示

问题 7e 和问题 7f 强调了杠杆作用对投资收益的影响。借入的资金越多，你投资的潜在收益就越多（或者越少）。

3. 全球失衡

基本概念

近年来美国经常账户的赤字已经达到了很高比例。为了资助美国 8 000 亿美元的经常账户赤字，几乎需要花费世界上其他国家的所有经常账户盈余。这一部分将讨论三个问题。第一，导致这些严重失衡的经济原因是什么？第二，这些失衡是否会一直持续到未来，或者它们能否迅速地结束？第三，要想解决这些失衡问题，汇率变化的规模有多大？破坏程度有多深？

为了理解造成这些失衡的原因，下面介绍一个非常简单的模型，这个模型建立的基础就是经常账户恒等式：

$$CA(r^{w})=S-I(r^{w})$$

这个恒等式中的 CA 表示母国经常账户余额，S 表示母国的储蓄额，I 表示母国的投资支出额，r^{w} 表示世界实际利率。因为 r^{w} 的上升被假定会引起投资的下降，所以母国的经常账户随着 r^{w} 的下降而上升。因为母国经常账户盈余或赤字一定被外国经常账户赤字和盈余所抵消，我们可以得出下面这个表达式：

$$CA(r^{w})+CA^{*}(r^{w})=0$$

在这个表达式中，$CA^{*}(r^{w})$ 表示外国经常账户余额。世界储蓄（$S+S^{*}$）供给的任何形式的增加都将会导致世界储蓄价格 r^{w} 的下降。世界投资需求的任何形式的增加都将会导致世界储蓄价格 r^{w} 的上升。这个简单的模型能够被用来理解造成全球失衡的原因。如果存在一个对母国的投资需求或者对外国的储蓄有积极作用的冲击，或者如果存在一个对母国的储蓄或者对外国的投资需求有消极作用的冲击，那么母国的经常账户将会陷入赤字状态。统计数据表明这个大的冲击已经造成外国投资需求的下降，已经导致储蓄过剩、世界实际利率下降和美国经常账户赤字的结果。

全球失衡的扩张已经使很多经济学家担心目前的情况从长期来看并不能持续，并且意识到进行一次痛苦的调整是非常必要的。正如第 6 章所介绍的那样，如果经常账户赤字暗示一个国家的债务出现爆炸式增长，或者从另一个角度来看，如果经常账户违反这个国家的长期预算限制，那么一个固定规模的经常账户赤字趋势是不可持续的。如果目前的失衡状态是不可持续的，那么消费能力将需要从美国转移到世界上的其他国家。实际汇率发生多大程度的变化才能消除这个失衡状态？这个问题被称为转移问题。如果各个国家对母国和外国产品的相对需求相同，那么消费能力（或者财富）从母国转移到外国对相对需求是不会产生影响的，同时对实际汇率（母国产品相对于外国产品的价格）也不会产生影响。然而，如果存在母国偏向，当收入从母国转移到外国时，母国产品的需求下降而外国产品的需求上升，那么母国的实际汇率就会持续贬值。

关键术语

在关键术语后面的横线上写下你的解释。

储蓄过剩：________________

转移问题：________________

复习题

问题 10：应用母国和外国的储蓄投资模型来分析下面的冲击对母国经常账户余额和世界实际利率产生的影响。

10a. 母国储蓄的减少。

____

10b. 母国投资的盛行。

____

10c. 如果实际利率已经下降，那么国内储蓄的下降或者国内投资需求的上升能否看作是引起经常账户赤字的主要原因？

____

问题 11：当母国对从外国借款征税时，母国正经受着一个经常账户赤字过程。税收对母国经常账户赤字带来的影响是什么？

____

问题 12：判断正误或者不确定。请对你的回答给出解释。

12a. 母国是一个净债务国（它的净财富为负值）。母国不可能永远经受贸易赤字的过程。

____

12b. 母国是一个净债权国（它的净财富为正值）。母国不可能永远经受贸易赤字的过程。

____

问题 13：母国的居民变得更加精明，并且增加了他们对外国高质量产品的需求。这对母国实际汇率会产生什么影响？

____

问题 14：什么时候经常账户赤字的减少会要求实际汇率发生贬值？

____

提示

如果贸易能够被永久地重复进行，那么贸易余额就是可持续的。如果一个国家已经是一个净债务国，那么任何水平的贸易赤字都是不可持续的。

问题 13 和问题 14 聚焦于使一国产品的需求量改变的其他原因。

4. 债务与违约

基本概念

当一个政府不能偿还它的债务时，主权违约的行为就会发生。因为当一个主权债务人不能偿还债务时，债权人就没有多少索偿权，这是有关政府是选择偿还债务还是选择不偿还债务的问题。因此，主权债务被称为一种或有求偿权：如果不偿还债务所付出的成本超过违约带来的收益，那么政府将选择偿还债务。违约的收益是非常明显的：会有很多货币供消费。成本很难被调查清楚，但是大部分成本包括各种金融市场的罚款（例如暂时无法进入国际金融市场所带来的损失）和更加广泛的宏观经济成本（例如更高的风险溢价和本地银行倒闭）。

下面介绍一个可用来理解在决定是否要违约时发挥作用的要素的模型。一个国家要偿还它的债务的本金 L 加上利息，这样总的偿还额为 $(1+r_L)L$。这个国家的产出水平是随机的，并且等于 $\bar{Y}-V$，这里 V（负面产出冲击）的变化范围是 0 到 V。如果这个国家采取违约行为，那么它就能够节约 $(1+r_L)L$，但是它需要面对金融中断成本，这个成本与产出量是成比例的，表示为 $c(\bar{Y}-V)$。如果负面冲击不是很大，或者说 $V<V^*$，那么偿还债务的收益就大于违约的成本，这里，

$$V^*=\bar{Y}-(1+r_L)L/c$$

被称为还款阈值。这个阈值越低，引起这个国家发生违约行为的负面产出冲击就越小。因此，这个模型预测，如果一个国家的债务负担 $(1+r_L)L$ 很大，违约成本比较低，同时产量的波动性（范围是 0 到 V）变得很大，那么这个国家更有可能选择违约。假设存在一个具有竞争力的银行体系，一个银行在向一个更有可能违约的借款人贷款时，必须征收较高的利率。最后，通过假设贷款的供给曲线是向上倾斜的，违约的概率、贷款利率和贷款总量都能够得以决定。在特定的情况下，这个模型预测新兴市场（这个市场中的产出比发展中国家的产出更加容易发生变动）应该经历以下过程：(1) 对它们的债务要收取更高的利率；(2) 债务规模比较小；(3) 违约的频率更加频繁。这些预测结果是和国际经验相一致的。

关键术语

在关键术语后面的横线上写下你的解释。

主权违约：______________________________

或有求偿权：______________________________

还债阈值：______________________________

复习题

问题 15：一个银行由于向一个主权借款人索要过高的利率而被控诉。有关该主权国家的产出波动性的哪些结论一定是正确的？

____

问题 16：判断正误或者不确定。请对你给出的答案作出解释。如果一个国家能够增加它的债务违约成本，那么这个国家就能够降低偿还债务的成本。

____

问题 17：违约是如何触发一场本地金融危机的？

____

提示

问题 16 说明了这样一种观点：一个没有违约成本的国家相比一个具有违约成本的国家来说，它的情况可能会更糟糕。因为一个没有任何可损失的国家将会经常出现违约行为，那么长久下去就没有人再会向这个国家提供借款。

学习指导习题集解答

第 1 章　全球宏观经济

1. 所有外国商品、服务和金融资产相对于国内产品、服务和金融资产来说的价格，会随着汇率的变化而改变。

2. 相对于外国人来说，出口国的货币升值会使得出口国处于一种不利的地位，然而出口国的货币贬值会使得出口国处于一种有利的地位。

3. 巴西的国家风险是 10%－4%＝6%。

4a. 随着这个国家被迫借入更多的货币其外部财富应该是下降的。

4b. 资本收益可能会增加这个国家的外部财富，使得财富能够足够抵消这个国家的借款。

5. 能够缩减国际贸易成本的任何事情，包括政策改变和技术进步，诸如改进的交流方式和运输技术，都能促进全球化的发展。

第 2 章　汇率与外汇市场概述

1a. $E_{\$/€}=1.2$（以美国为基准），$E_{€/\$}=1/1.2=0.833$（以欧洲为基准）。

1b. 美元相对于欧元来说贬值 20%，变化的百分比为：(1.2－1)/1。

1c. 欧元相对于美元来说升值 16.7%，变化的百分比为：(0.833－1)/1。

1d. $E_{\$/¥}=1/120=0.008\,33$（以美国为基准），$E_{¥/\$}=120/1=120$（以日本为基准）。

1e. 美元相对于日元来说，升值 16.667%，变化的百分比为：(1/120－1/100)/(1/100)。

1f. 有效汇率目前变化的幅度等于双边汇率的贸易加权平均值。

$$\Delta\frac{E_{\text{eff}}}{E_{\text{eff}}}=\left(\frac{1.2-1}{1}\right)\left(\frac{\$\,200\text{bil.}}{\$\,200\text{bil.}+\$\,400\text{bil.}}\right)+\left(\frac{0.008\,33-0.01}{0.01}\right)\left(\frac{\$\,400\text{bil.}}{\$\,200\text{bil.}+\$\,400\text{bil.}}\right)$$

等号右边的第一个表达式表示，美元相对于欧元来说的贬值比例乘以欧元的贸易权重。第二个表达式表示，美元相对于日元来说的升值比例乘以日元的贸易权重。对这个等式求解，我们可以得到：

$$\frac{\Delta E_{\text{eff}}}{E_{\text{eff}}}=-0.044=-4.4\%$$

所以美元相对于这一篮子通货来说是升值的。

2a. 在慕尼黑，啤酒的美元价格是 3 €· $E_{\$/€}$，当 $E_{\$/€}=2/3$ 时，这个价格

就等于 2 美元。

2b. 如果 $E_{\$/€}=1$，那么这种啤酒在波士顿就会更加便宜，适合在派对上饮用。

3a. 不可能。如果母国的货币采用浮动汇率制度，那么母国不可能针对多种货币而把汇率固定在某一水平之上。为了证明这一点，假设有 A 国和 B 国两个国家，并且母国把它的汇率固定在其中一个国家的水平之上。为了简单起见，假设起初 A 国 1 单位的货币能够兑换 B 国 1 单位的货币。现在假设 A 国的货币相对于 B 国来说升值了，也就是 A 国 1 单位的货币能够兑换 2 单位 B 国的货币。一单位母国的货币能够兑换 1 单位 A 国的货币，而 1 单位 A 国的货币能够兑换 2 单位 B 国的货币，但是由于母国实施固定汇率制度，1 单位 B 国的货币只能兑换 1 单位母国的货币。因此前后出现矛盾，所以这个汇率是不能持续的，也就不能固定在一种汇率上。

3b. 母国可以把它的汇率固定在它的最大贸易伙伴的货币上。或者，母国可以通过使用它的最大贸易伙伴的货币或者与它的最大贸易伙伴商榷一种货币联盟的方式来使它们的货币美元化。

4. 个体之间在外汇交易中面临的差价要大于诸如商业银行这样规模大的市场参与者之间在交易中面临的差价，因为在最终交易和潜在的外汇市场中存在的中间商要多于大规模的银行间交易者之间存在的中间商，银行间的交易者是直接在银行间市场上进行交易的。

5a. 如果你以这个即期汇率购买欧元，那么在这 30 天内，美元成本将是（1.25 \$/€×€ 10 百万）或是说是 12.5 百万美元。因为你已经签订了销售 13 百万美元白酒的协议，所以你可以从中赚取 50 万美元的利润。

5b. 如果即期汇率相对于欧元上升了 1.3 \$/€，那么你的美元成本将超过你的美元收入，也就是你将要从这项交易中蒙受损失。

5c. 如果你拥有这份看涨期权，那么在 30 天内你就一定会在白酒的交易中获得一份正的收益。如果即期汇率超过 1.27，那么你购买白酒就会遭受 30 万美元的损失。另一方面，如果即期汇率小于 1.27，那么你不应行使这份期权，而是要在即期市场上购买欧元。拥有这份期权相对于之前的那份协议的优势在于，如果即期汇率小于 1.25，你将会以更高的价格出售欧元并且从中获得利润。如果即期汇率大于 1.25，那么你最好在远期市场上进行交易。

5d. 在这个远期汇率水平上，你的 100 万美元将能兑换 80 万欧元，兑换公式为：100 万美元/1.25 美元/欧元=800 000 欧元。如果即期汇率为 1.3，那么欧元的数量就会变为（1.3 美元/欧元）×800 000 欧元=104 万美元。因此，你将会在这个交易中赚取 4 万美元的收益。

5e. 在这种情况下，你之前购买的 80 万欧元的价值将会变成仅为 96 万美元，所以你将会从这项交易中遭受 4 万美元的损失。

6. 这个答案选择 c，$E_{\$/€}\div E_{\$/£}=E_{£/€}=3/2\div 2=3/4$。

7. 这个答案选择 d，所有选项全部正确。答案 a 正确的理由为：$E_{¥/\$}=100$，$E_{\$/€}=2$，所以 $E_{€/\$}=0.5$，并且 $E_{€/¥}=E_{€/\$}\div E_{¥/\$}$。答案 b 正确的理由为：$E_{\$/¥}=1/E_{¥/\$}$。答案 c 正确的理由为：$E_{¥/€}=E_{¥/\$}\times E_{\$/€}$。

8. 交叉汇率不是持续不变的，所以就存在一个三角套汇的机会。第一，将你的100万美元兑换成50万英镑。第二，将你的50万英镑兑换成1.1亿日元。第三，把你的1.1亿日元兑换成110万美元。这样就实现了10万美元的利润。

9. 可以，套汇有助于阻止相同事物的价格由于处于不同市场而变得不同。为了使套汇顺利进行，就必须保证在这些不同的场所能够进行交易。资本控制是目前套汇的最基本的要求。

10. 答案为d，预期美元贬值2%。根据无抛补利率平价条件，利率的差异等于汇率的预期变化值。

11a. 100万美元能够兑换的欧元的数量为（100万美元)/(1.25美元/欧元)＝80万欧元。

11b. 在这一年年末，你将会拥有（80万欧元）(1＋0.03)＝82.4万欧元。这就是本金加上利息之和。

11c. 在这一年年末，你将会拥有（100万欧元)×1.05＝105万欧元。

11d. 为了保证这两项投资对于你来说没有什么差异，远期汇率就不得不满足下面这个方程式：105万美元＝ $F_{\$/€}$(82.4万欧元)，这个方程式的左边表示你将从美国存款中获得的美元数量，然而方程式的右边表示，如果远期汇率是 $F_{\$/€}$，你将从德国的存款中获取的美元数量。对这个方程式求解我们可以得到：$F_{\$/€}=1.274\ 272$。

11e. 如果投资者对待风险的态度是中立的（或者说他们不关注风险），无抛补利率平价条件同样成立。这也就意味着预期未来的即期汇率必须等于远期汇率。

11f. 美元贬值的预期比率等于（1.274 272－1.25)/1.25＝1.94%。请注意这个比率大约等于美国和德国之间的利率差。

11g. 如果美国的存款相对于德国的存款来说流动性更强而风险更小，那么美国存款的收益率可能会比德国存款的收益率稍微低一些。（换句话说，对那些持有德国存款的投资者必须要给予一定的补偿。）这也就意味着，美元贬值的预期比率可能会稍微高些，以便提高德国的收益。

12a. 为了回答这些问题，我们使用无抛补利率平价条件方程。保持美国的利率和预期的未来即期汇率不变，很明显即期汇率一定会提高。也就是说，美元一定会贬值。

12b. 如果美国的利率上升，那么英国存款的美元预期收益一定也会上升。不然的话，这个无套汇条件可能就不会成立。存在多种能够使收益上升的方式：或者美元的预期贬值率一定上升，或者英国存款的利率一定上升。

12c. 假设不再实施资本控制，那么无套汇条件就成立，此时预期的未来即期汇率就一定已经上升了（或者说是已经贬值了）。

第3章　汇率Ⅰ：长期货币理论

1. 应用一价定律方程，我们发现在德国一个苹果的价格必须是0.80欧元。

2a. 不存在。要想使持有枪炮的一价定律成立，汇率可能就一定要等于 2/3。要想使医生诊断费用的一价定律成立，汇率可能就一定要等于 3。

2b. 一篮子美国商品的美元价格是 175 美元（也就是 200 美元和 150 美元的平均价格）。

2c. 一篮子法国商品的美元价格是 175 欧元（也就是 300 欧元和 50 欧元的平均价格）。

2d. 如果 $E_{\$/€}=1$，就能够满足绝对购买力平价条件。在这个汇率水平上，法国一篮子商品的美元价格为 175 美元。

2e. 假设 $E_{\$/€}$将会上升，那么这会导致美元的实际贬值，因为这个假设暗含着将要用多于一篮子美国的商品去购买一篮子法国的商品。

2f. 对于任何一个 $E_{\$/€}<1$，都能够使美元被高估。因为暗含着将要用小于一篮子美国的商品去购买一篮子法国的商品。

2g. 不能满足绝对购买力平价的条件，因为枪炮在不同篮子中的权重不相同，所以这些篮子中的商品的价格将会是不同的。这个美国篮子商品的美元价值为 180 美元，而法国篮子商品的欧元价值为 150 欧元。如果将这两个使用不同计算方法的篮子的商品进行比较，那么可能会出现美元被低估的情况。

3. 母国的实际汇率一定是贬值的，变化的幅度为 -1%（或者是升值，变化的幅度为 1%），因为 $\Delta q_{F/H}/q_{F/H}=\Delta E_{\$/blot}/E_{\$/blot}+\pi_F-\pi_H=5\%+2\%-8\%$。

4. 答案为 b，相对购买力平价方程的直接应用。

5. 正确。名义汇率变化的百分比等于实际汇率变化的百分比加上这两个国家之间的通货膨胀率的差额。当实际汇率变化的百分比等于 0 时，相对购买力平价条件成立，并且当实际汇率变化的百分比相对于通货膨胀率之间的差额来说比较小时，相对购买力平价条件就会更加吻合。

6. 答案为 d，一价定律暗含着购买力平价的两个概念，但是反过来看就不正确。

7. 这三个选项全部正确，所以答案选择 d。

8. 通货膨胀率应该等于货币增长率，所以母国的通货膨胀率应该为 3%，外国的通货膨胀率应该为 5%。现在应用相对购买力平价条件，我们会发现母国的货币应该以 2%的比率升值。因此这个问题的答案为 a。

9a. 我们把这个信息应用到美国货币市场的均衡方程：25 美元=(1/2)（100 单位）P，所以美国的价格 P 为每单位 0.5 美元。

9b. 应用绝对购买力平价方程，我们可以得到（0.1 \$/¥）$P_{\text{Japan}}=0.5$ \$/单位，所以日本的价格 P_{Japan} 为每单位 5 日元。

9c. 应用日本的货币市场均衡方程，我们发现日本的货币供给量 $M_{\text{Japan}}=$（5¥/unit）（80units）（3/4）=300 日元。

10a. 美国的通货膨胀率等于货币的增长率和经济的增长率之间的差额，或者说等于 2%。

10b. 加拿大的通货膨胀率为 9%。

10c. 加拿大元以 7%的比率增长（或者说是贬值）。

11. 在恶性通货膨胀时期，已有的名义货币均衡价值会迅速下降，这样对持有那种货币的人来说，持有成本会增加很多。因而人们就会急于将货币兑换为价值保持不变的物品，比如商品。

12. 货币需求的下降将会使得母国的价格水平倾向于增加。为了保持购买力平价条件成立，母国的汇率将会贬值。

13a. 通过费雪效应，我们可以发现A国的通货膨胀率更高。

13b. 假设金融市场和商品市场都存在套汇行为，并且实际利率是相同的。实际利率平价会上升。

13c. 根据货币理论，通货膨胀率应该等于货币增长率减去实际产出量增长率，因此，B国的通货膨胀率为4%。

13d. 实际利率一定为3%，因为B国的利率为7%，而B国的通货膨胀率为4%。因为A国的实际利率和B国的实际利率相同，所以A国的通货膨胀率一定为10%−3%=7%。因为A国的通货膨胀率等于A国的货币增长率减去实际产出量的增长率，A国的货币增长率一定为9%。

13e. 货币增长率从6%下降到2%，从长期来看，这样的趋势会消除B国的通货膨胀的影响。因此，利率下降到3%，此时的利率等于实际利率。

13f. 货币增长率的降低使得流动比率一定上升。

13g. 流动比率的上升增加了T时期的货币需求量。因为T时期的货币供给量是固定不变的，所以货币需求的突然增加一定会引起价格水平的即刻下降。

13h. B国价格水平的突然下降使得B国的汇率突然下降（或者说是升值）。B国货币的升值对于维持绝对购买力平价条件来说是非常重要的。

13i. 在T时期之后，相对购买力平价条件要求B国的汇率增值率等于A国的通货膨胀率，即为7%。

14. 所有这些选项都与升值相关，所以这个问题的答案一定为e。

15. 母国的货币需求一定上升，这将会拉低母国的价格水平，这包括两层含义。第一，母国的货币一定是处于正在升值的状态，因为价格正处于下降的趋势。费雪效应表明母国的利率比外国的利率要更低。因此，c是唯一正确的选项。

16a. 因为母国的货币增长率恒定为10%，母国的通货膨胀率将为10%。因为外国的货币增长率恒定为5%，所以外国的通货膨胀率将等于5%。（Y保持不变，并且名义利率恒等于实际利率加上预期通货膨胀率。）通过相对购买力平价条件，我们知道美元价值下降的速率一定等于两国通货膨胀率的差额，也就是5%。

16b. 根据费雪效应可知，母国和外国之间的利率差额等于母国和外国的通货膨胀率之间的差额。因此，母国的利率比外国的利率高出5%。

16c. 因为预期货币增长率比较低，所以现在预期的通货膨胀率也比较低（用5%代替10%）。通过费雪效应可知，在t时刻，利率应该下降5%。

16d. 利率的下降导致货币需求的增加：$L(i, Y)$上升。因为在t时刻，$P=M^s/L(i, Y)$和M^s是固定不变的，所以价格水平应该下降。根据绝对购买力平价条件，美元的价值应该提升，也就是说，E应该下降以保证国外价格等于国内的价格。

16e. 因为目前货币增长率在两个国家是相同的，所以两个国家的通货膨胀率应该没有区别，因此通过相对购买力平价条件我们可知随着时间的推移汇率应该是保持不变的。

17a. 母国的汇率将会以 3%的比率增值。

17b. 母国的货币供给将会以 5%的比率上升。

17c. 通过费雪效应和外国名义利率和通货膨胀率之间的差异可知，世界实际利率一定为 3%。因为母国希望该国的通货膨胀率变为 2%，母国一定会把它的名义利率限定为 5%(2+3)。

17d. 实际产出量增长率的下降将会改变通货膨胀率和货币供给增长率之间的关系。因此，它将会改变政府部门的货币供给锚。此时或者将不得不改变目标利率，或者将不得不改变目标汇率。

第 4 章　汇率Ⅱ：短期资产理论

1. 答案为 d。应用无抛补利率平价条件可知，要想使得这两种货币的预期收益相同，就必须预期美元的贬值率为 2%。

2a. 无抛补利率平价条件要求美元的贬值率为 2%，目的是为了使得外国资产的预期美元收益等于国内资产的美元收益。

2b. 汇率的预期变化值为 2%，目前的即期汇率为 1，所以预期的未来即期汇率一定为 1.02，因为 (1.02－1)/1＝0.02。

2c. 预期明年美元的利率是上升的。目前美国的存款利率和欧洲的存款利率之间的差距比较大，在这样的情况下，我们必须考虑到美元的预期贬值率会更大。

2d. 即期汇率一定会升值，以便允许未来出现更大程度的贬值。

2e. 观察图 4—1。国内利率的上升导致美元的贬值率更大。因为预期的汇率水平没有发生变化，所以这条向下倾斜的曲线没有发生变化。

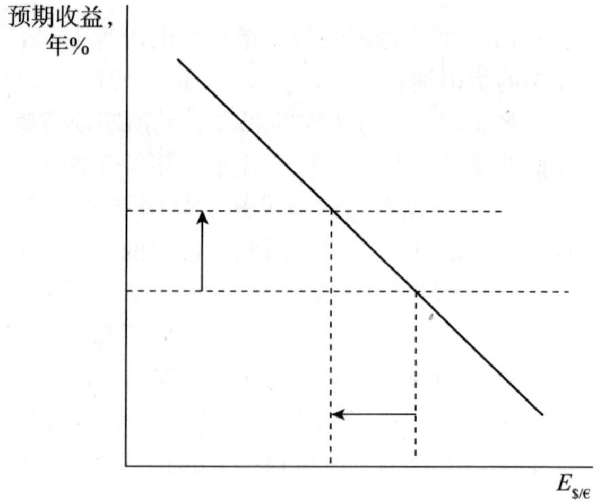

图 4—1　暂时的母国货币冲击和汇率

2f. 因为利率差已经变小，所以美元的预期贬值率也已经变小。

2g. 美元将不得不升值。

2h. 如图 4—2 所示。外国利率的上升意味着母国货币的预期贬值率不一定要与预期收益率相同。

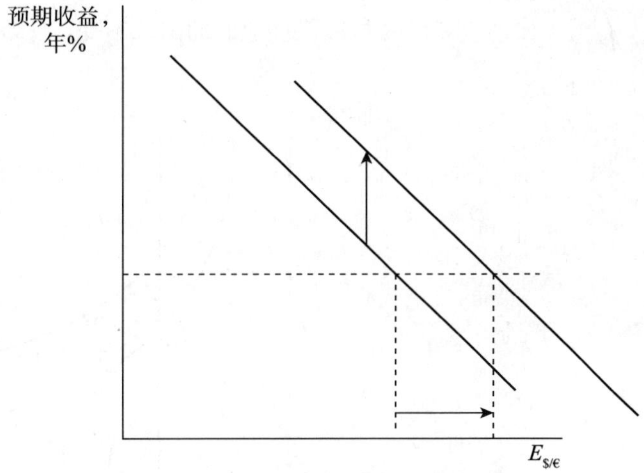

图 4—2　暂时的外国货币冲击和汇率

3a. 在 T 时刻，货币供给量 M 的增加不会对价格产生任何影响，因为我们假定价格是具有弹性的。

3b. 为了使人们持有增加的实际货币余额，利率就必须下降。这个情况展示在图 4—3 中，实际货币供给的向右移动使得实际货币需求也发生移动。

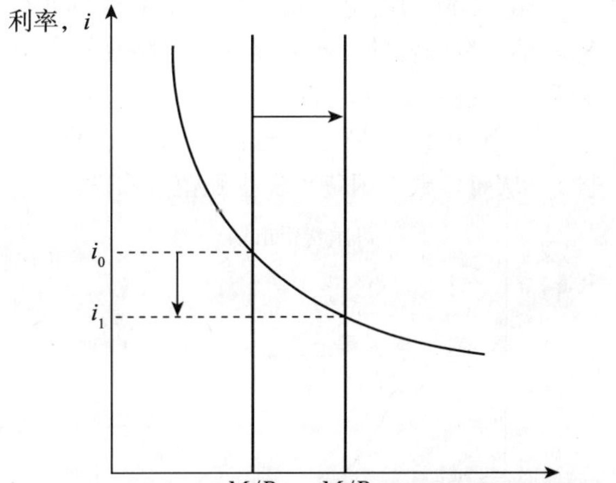

图 4—3　实际货币供给的增加

3c. 从长期来看，价格水平一定也是以 10％的比率上升。

3d. 货币供给量 M 的增加对利率不能产生长期的影响，因为从长期来看，在价格水平上升 10％以后，通货膨胀率将会被拉低到零。当价格从 P 上升到 P_1

时，就一定能得到等式 $M_1/P_1=M_0/P$。

4a. 在 T 时刻，实际国内生产总值 Y 的增加不会对价格产生影响，因为价格被假定为是具有弹性的。

4b. 在 T 时刻，利率一定是上升的。因为实际国内生产总值的增加将增加实际货币余额的需求量，这个情况展示在图 4—4 中即为 $L(i, Y)$ 曲线向上移动。为了使消费者愿意持续保持他们的需求不变，实际货币余额的成本必须增加。

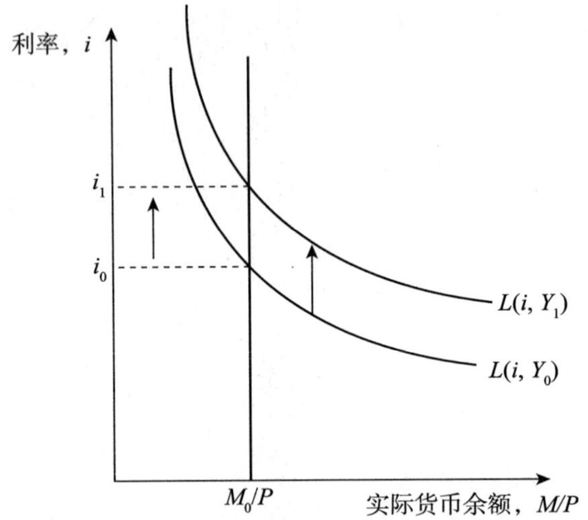

图 4—4　实际货币需求的增加

4c. 从长期来看，价格水平一定下降，目的是为了增加实际货币余额的数量。

4d. 实际国内生产总值 Y 的增加对利率不会产生长期的影响，因为价格在长期内是具有弹性的。也就是说，价格水平会下降，这样实际货币供给就会扩展直到利率收益率变为 i_0 为止。

5. 如图 4—5 所示。母国货币供给的暂时性增加降低了它的利率水平（左图），从而导致母国货币发生贬值（右图）。

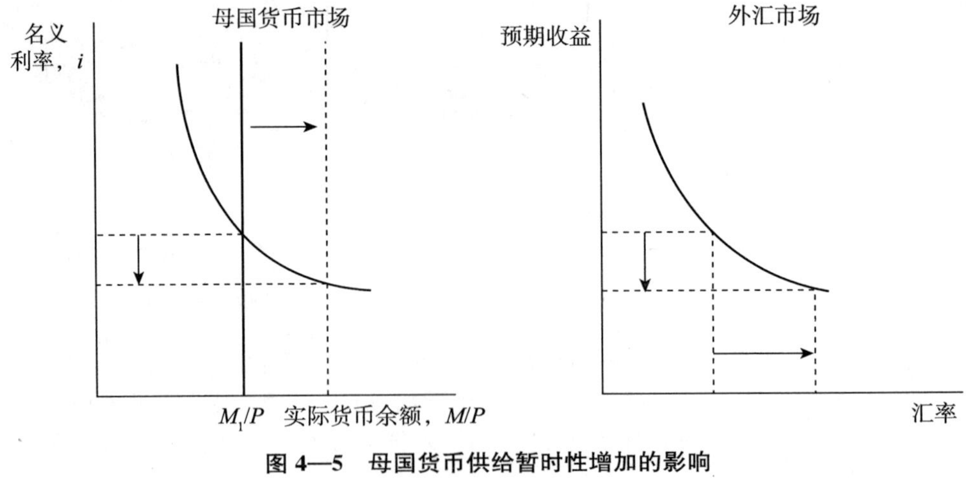

图 4—5　母国货币供给暂时性增加的影响

6. 如图 4—6 所示。母国实际产出量的暂时性增加增加了母国的货币需求量（左图），从而增加了母国的利率水平。利率的增加引起汇率发生增值，目的是为了向母国的货币提供在未来实现贬值的更大空间（右图）。

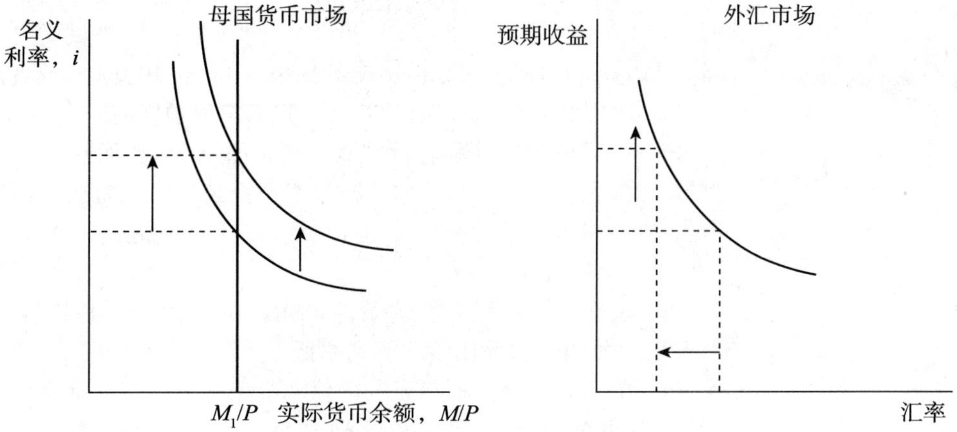

图 4—6　母国实际产出量暂时性增加的影响

7. 如图 4—7 所示。外国实际产出量的增加，使得它的货币需求增加，并且降低了外国的利率水平。这导致外国资产收益率上升，这些情况展示在图 4—7 中即为曲线的向右移动。母国的货币相对于外国的货币来说是贬值的。

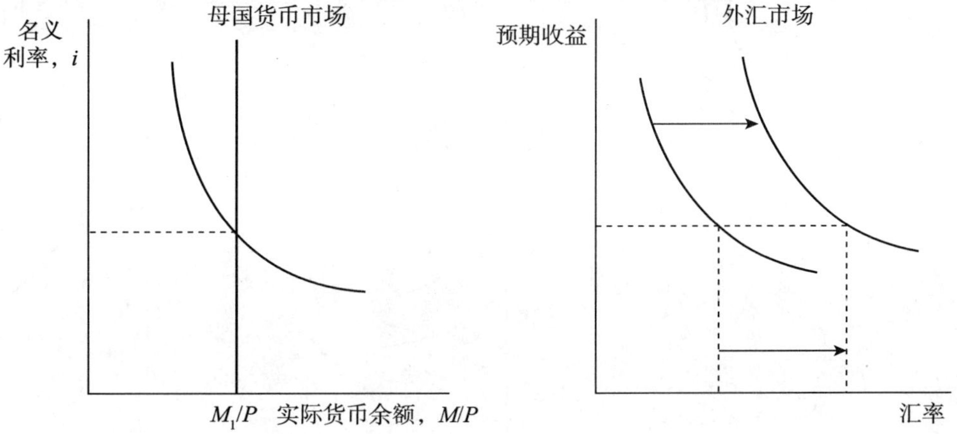

图 4—7　外国实际产出量暂时性增加的影响

8a. 正确。如果价格是完全具有弹性的，那么就不存在价格对引起超调的利率的短期影响。

8b. 不确定。尽管美元的急剧贬值在货币供给的永久性增加和通货膨胀的上升条件下会持续下去，但是它也可能在其他条件下持续下去。例如，也可能存在美国货币供给大规模但暂时性的增加。或者，一个外国可能已经缩紧了它的货币政策。

8c. 不确定。利率可能由于和黏性价格相关的货币供给的减少而增加，或者利率可能由于和费雪效应相关的预期通货膨胀率的增加而增加。利率和汇率运动之间的关系要依赖于具体的条件。

9a. 因为我们处于一种长期的均衡状态，我们能够应用第 3 章所介绍的货币理论。因为两个国家的 $L(i)$ 是相同的，所以汇率就等于货币供给的比率（\$1 000/€500）乘以实际产出量的比率（5 000/10 000）或者是 1\$/€。

9b. 应用和问题 9a 相同的方法，我们发现预期的未来即期汇率为 1.5\$/€。

9c. 在 T 时刻之前和之后的欧洲利率都是 5%。回想一下在 T 时刻之前，预期的贬值率为 0，所以通过无抛补利率平价条件可知，两个国家的利率一定是相同的。在欧洲没有发生货币冲击，所以在 T 时刻之后，利率也一定与之前保持不变。

9d. 根据无抛补利率平价条件可知，在 T 时刻，预期美元的升值率一定为 3%，因为美国的利率比欧洲的利率低 3%。

9e. 在 T 时刻，预期美元的贬值率等于 -0.03（也就是说预期美元会升值），这个比率也就是美国利率和欧洲利率之间的差额。预期的未来即期利率为 1.5\$/€，所以，如果 x 表示目前的即期汇率，那么 $(1.5\$/€-x)/x=-0.03$。因此，$x=1.546\$/€$。

10a. 如图 4—8 所示。产出量从 Y_0 增加到 Y_1 使得货币需求曲线向上移动，并且使得利率增加。当价格不再具有黏性时，人们预期未来的价格会下降。通过绝对购买力平价条件可知，未来的即期汇率会增值。因此，外汇市场上的预期收益曲线会向下移动。这两个效应是相互加强的，并且汇率会下降。

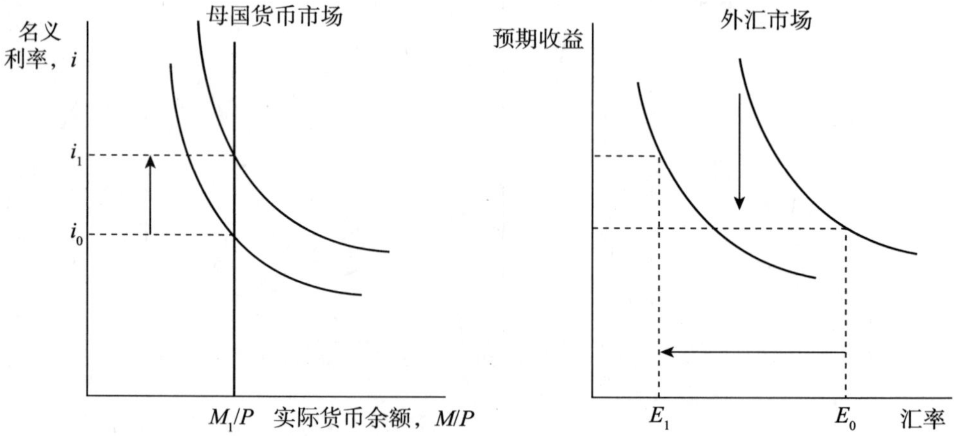

图 4—8 国内生产总值永久性增加的短期效应

10b. 如图 4—9 所示。从长期来看，价格从 P_0 下降到 P_1，这个变化扩展了实际货币的供给量。这一过程降低了利率水平，并且导致汇率下降到 E_2。注意这种货币相对于它的初始值 E_0 来说已经升值了。

11. 不能。只要购买力平价条件在长期来看是成立的，那么货币政策最终都会影响价格水平，从长期来看，这些反过来也会影响汇率。

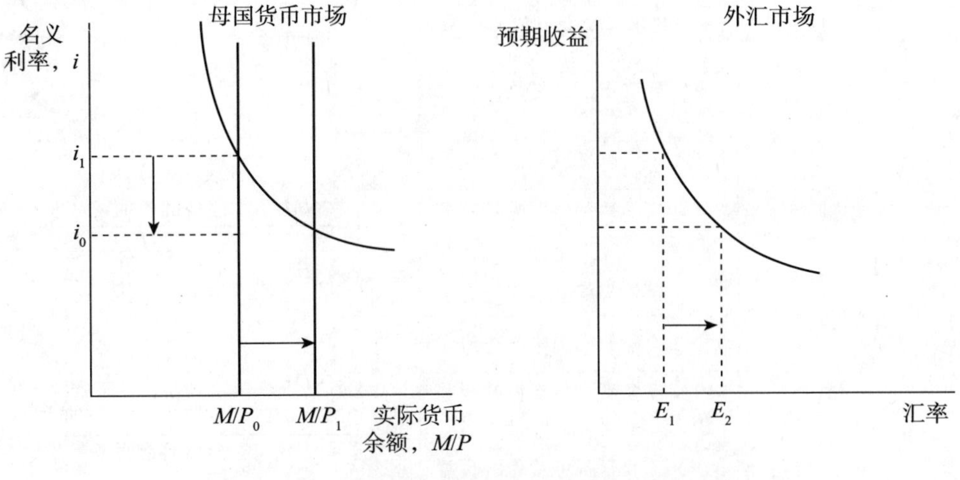

图 4—9　国内生产总值永久性增加的长期效应

12a. 因为母国已经把它的货币钉住在外国货币之上，所以母国的利率必须和外国的利率相同，因而母国的利率会上升。

12b. 母国的实际货币需求上升，并且这个变化将会引起利率的上升。因为利率不能增加，所以母国的货币供给就一定会增加。

第 5 章　国民账户与国际账户：收入、财富和国际收支

1a. 错误。这个国家可能是一个要素服务的净出口国，或者它也可能接受国外的单边转移。

1b. 正确。如果国外的商品和服务没有对这个经济体作出贡献，那么供给等于需求表明支出等于产出。

1c. 错误。一个国家的国内生产总值仅仅包括最终消费者的销售额。它不能重复计算中间投入产出。

1d. 正确。参照图 5—2。沿着这个循环流程，你可以发现所有经常账户中的项目都可以在国民总支出和国民可支配总收入之间找到。

2. 国内居民到国外去工作可以构成来自国外的净要素收入（NFIA）或者净单边转移（NUT）的一个来源。结果，像约旦这样的国家的国民总收入就会超过国内生产总值。

3. 经常账户恒等式告诉我们，经常账户余额等于国民储蓄和投资之间的差额。保持储蓄率不变，投资的增加应该会降低经常账户余额。

4. 可以。如果一个国家的贸易账户处于盈余状态，那么它的国内生产总值将超过它的国民总支出。此外，如果这个国家的要素收入账户处于赤字状态，那么它的国民总收入将低于它的国内生产总值。

5a. 国民总支出 $GNE=C+I+G=100$。

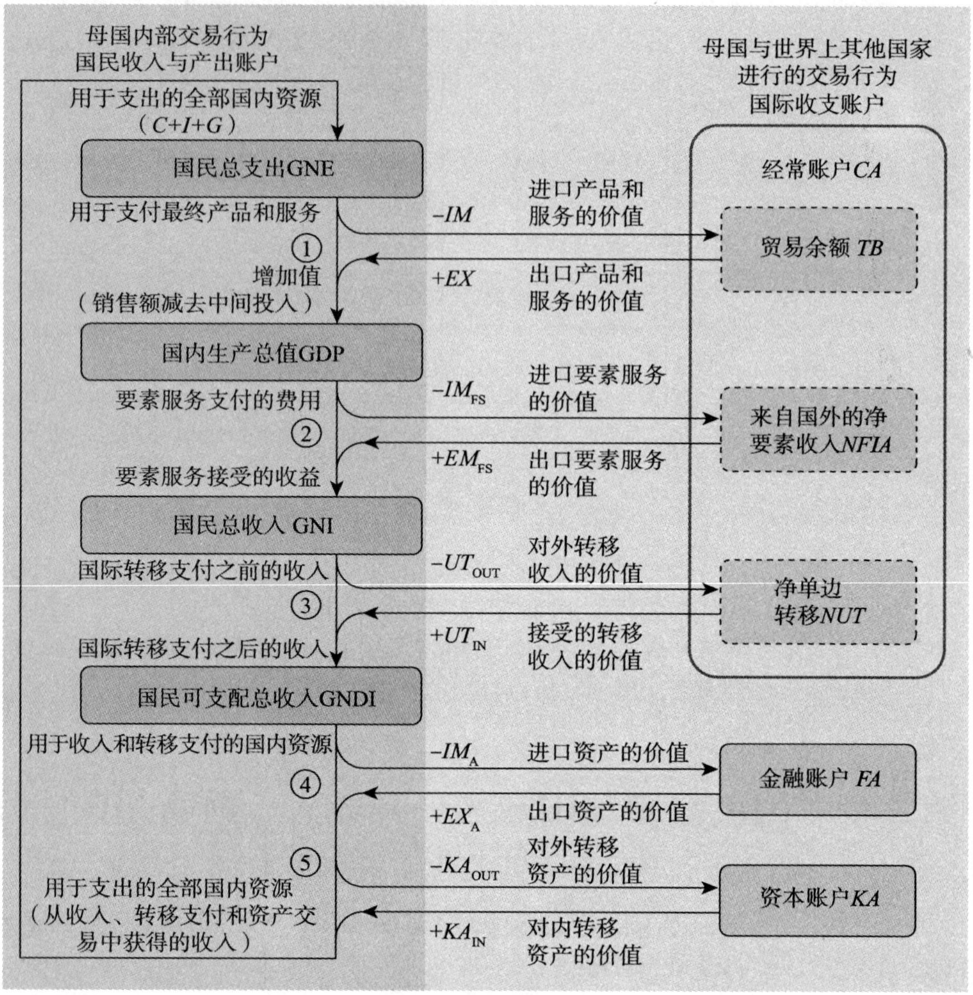

图 5—2　开放经济体

5b. 国民储蓄 $S=Y-C-G=95-90=5$。

5c. 经常账户余额 $CA=S-I=5-10=-5$。

5d. 这个国家是资产净出口国。如果一个国家的经常账户处于赤字状态，那么这个国家就一定会出口资产以获得收入来支付该国的支出费用。

6. 回想一下，一个国家的经常账户余额等于这个国家的储蓄和投资之间的差额。一个具有高人口出生率的国家相对于其他国家来说，将可能倾向于具有相对较多的年轻居民。如果年轻居民相比年老居民具有不同的储蓄行为，那么这个国家的经常账户可能和之前有很大的不同。

7. 投资环境良好的国家的投资率将倾向于比较高。如果这个国家的储蓄率和其他国家相同，那么我们将预期这个国家的经常账户处于赤字状态。

8a. 正确。政府储蓄增加，并且由于储蓄的其他所有组成部分都保持不变，所以经常账户的赤字规模一定缩小。

8b. 不确定。这里存在的主要问题是消费支出会对政府降低支出作出何种反应。李嘉图等价方程表明，消费者将会增加他们的支出，以此作为降低未来税收的响应。如果情况真的是这样，那么这就可能侵蚀储蓄收入。

9. 答案为 b。外国跨国公司的子公司的产出作为国内生产总值的一部分，但是它的收入并不计入国内收入中。外国援助并不能直接增加国内生产总值，并且外国的工人也不会影响本国的国内生产总值。

10. 答案为 d。

11. 不确定。一个国家可能使用它的经常账户盈余去支付已经存在的外国债务。

12. 一个实施固定汇率制度的国家，可能会经常干预外汇市场。结果，实施固定汇率制度的国家就可能拥有一个更大的国际收支的官方结算余额。

13a. 这台拖拉机的销售作为一项产品和服务的出口价值$+EX$，这台拖拉机的支付作为一项外国资产的进口价值$-IM_A^F$。

13b. 这项贷款作为外国资产的进口$-IM_A^F$，这项存款作为母国资产的出口$+EX_A^H$。

13c. 美国政府向津巴布韦提供粮食作为一项产品和服务的出口价值$+EX$，这由一个单边转移$-UT_-$来平衡。

13d. 这个顾问的费用作为一项要素服务的出口价值$+EX_{FS}$，并且这项费用是通过降低外国在美国银行的存款的方式来支付的，所以为母国资产的进口价值$-IM_A^H$。

13e. 这场演唱会作为一项服务的进口$-IM$，但是它是作为对内转移收入$+UT_+$。

13f. 这个中国人获得了服务的出口价值$+EX$，并且由此产生的费用作为母国资产的进口价值$-IM_A^H$。

13g. 这项利息支付作为服务要素费用$+EX_{FS}$，并且这种支付方式作为母国资产的进口价值$-IM_A^H$。

13h. 这项利息支付作为服务要素费用$+EX_{FS}$，并且这种支付方式作为外国资产的进口价值$-IM_A^F$，因为美国银行现在对一个外国实体有较大的索偿权。

14a. 对所有经常账户余额求和，我们会发现这个外部财富将达到 50。

14b. 经常账户余额和实际外部财富之间的差额为-7。

14c. 外部财富大于预测的资金流动值的年份为：1991 年、1992 年、1994 年、1995 年和 1997 年。

15. 如果经常账户赤字为 0，那么估值效应将会使这个国家的资产增加到 2 500 万美元，所以外部财富将变为 0。经常账户赤字使得这个国家的净财富增加-500 万美元。

16. 如果资产的收益率和债务的收益率相同并且都等于 r，那么我们将能够预测净收益为 $r(A-L)$，在这个表达式中，A 表示资产，L 表示负债。因为 $A<L$，所以我们将预期这些费用为负值，但现实是它们为正值。

第 6 章　国际收支 I：金融全球化得失

1a. 应用方程 $W_N = TB_N + (1+r)W_{N-1}$，我们可以得到：$-10+(1.1)100=100$。

1b. 可以。应用方程 $-(1+r)W_{-1}=TB_0+TB_1/r$，我们可以得到：$-110=-10+(-10/0.1)=-110$。这样就满足长期预算约束条件。

1c. 应用方程 $W_N=TB_N+(1+r)W_{N-1}$，我们可以得到：$-12+(1.1)100=98$。

1d. 不可以。因为交易赤字的现值超过了初始财富，所以当这个国家永久性地运行 12 单位的贸易赤字时，长期预算约束条件就不满足。

2a. 母国产出的现值为：100＋100/1.1＝190.91。

2b. 支出的现值一定不能超过 190.91。根据这个简单的模型，在时期 1 这些费用将一次性被消费完。

2c. 不能。母国将不得不在时期 1 向外寻求借款来弥补它的贸易赤字，并且母国将不得不在时期 2 实现贸易盈余，以便偿付债务。

2d. 贸易盈余等于产出减去消费，所以这个国家的最大贸易盈余可能为 100。

2e. 这个国家在时期 2 的最大贸易赤字可能为 110。假设这个国家在时期 1 有贸易盈余 100。在时期 2，这个国家将拥有外部财富 110，那么这些财富可能被花费到外国产品上。

3a. 这个国家的资源的现值是：$1.1\times(-50)+10+10/0.1=55$。

3b. 让 X 表示每期的消费数量。那么长期预算约束要求 X 满足以下方程：$X+X/0.1=55=X(1+10)$。所以 $X=5$。

3c. 如果这个国家假设以后不会再进行消费，那么这个国家在当前年消费的最大值是 55。

4. 如果资产的利率和负债的利率相同，那么一个净债务国的债务总额将大于它的资产总额。

5. 美国对其债务支付的利率要低于它在其资产上收到的利率。这就意味着，尽管它是一个外部净债务国，但是它的要素服务费用实际上并不是负值。

6. 有两个假设条件在发展中国家的情况下是不成立的。第一，发展中国家经常对其债务支付的利率要高于它们在其资产上收到的利率。第二，国际金融市场通常对发展中国家设定债务限制，因而在任何给定的阶段，发展中国家都不能自由地实现贸易赤字。

7. 错误。消费的现值一定会下降，但是这个过程是在多年内慢慢实现的，而不是突然发生的。

8a. 如果母国不能自由地贷款，那么它的消费一定会下降 10 单位。

8b. 应用对调整规模来说必要的方程，我们可以得到：$(0.1/1.1)\times(-10)=-0.909\,1$，所以消费下降 0.909 1 单位。

8c. 母国的借款额度大约为9.1单位（=99.1−90），并且每年对债务支付的利率为10%。因此，每年支付的利息大约为0.91单位。

8d. 如果这个冲击是永久性的，那么这个国家将被迫使它每个时期的消费下降10单位，因为它不能使用国际借贷方式来抵消这个永久性的冲击。

8e. 如果母国仍然不能自由地在国际市场上借款，那么它的消费将增加10单位。

8f. 如果母国能够自由地在国际市场上借款，那么它的消费将增加（0.1/1.1）×10=0.909 1单位。

8g. 如果冲击是永久性的，那么母国在每个时期的消费都将增加10单位。

9. 这是为了建立一种应对不利冲击的预防性储蓄而作出的努力。

10. 这项永久性收益的现值为1/0.05=20，这个永久性收益的现值超过目前的投资成本。因此，这项投资是值得进行的。

11a. 如果世界资源被有效地利用，那么资本的边际产出在这两个国家中应该是相同的。

11b. 无法正常运转。如果世界资本市场正常运转，那么这些资源将获得最高的收益。

11c. 假设资本能够在国家之间自由地流动，就存在两种可能性。第一，母国每一个工人所拥有的资本量要小于外国每个工人所拥有的资本量。第二，母国的技术效率或社会效率要高于外国的技术效率或社会效率，这样母国获得的资本产出要高于外国获得的资本产出。

12a. 应用生产函数我们可以发现每个国家每个工人的产出量都等于70。

12b. 在这种情况下，资本的边际产出与产出量除以资本存量是成比例的，所以外国的资本边际产出更高。

12c. 投资者应该一直在外国投资，直到这两个国家的资本的边际产出相等时为止。

13. 不确定。如果资本由于高风险溢价而不是由于生产率A低而不能流入发展中国家，那么外国的援助就能够发挥作用。然而，如果生产率A低是因为较差的制度质量而造成的（包括腐败），那么外国援助对促进发展中国家的发展就不会发挥太大的作用。

14a. 均值为（50单位+10单位）/2=30单位。有一半的时间产出量大于均值20单位，而另外一半时间产出量小于均值20单位。因为支出等于产出，所以支出以相同的方式变化。

14b. 国际多样化保证这个国家的支出永远都是30单位。

14c. 资本收入的国际多样化使得这个国家的资本收入永远为（1/2）×（25+5）=15。然而，劳动力收入是不变的，所以这个国家的收入就在经济形势良好年份的25单位和经济形势不好年份的5单位之间变动。因此，经济形势良好的年份的收入为：25+15=40，而经济形势不好年份的收入为：15+5=20。因此，收入围绕均值变化的幅度为10单位。

14d. 如果这两个国家每年经受着相同的冲击，那么这两个国家从国际多样化过程中得不到任何收益。就像问题14a中一样，收入围绕均值变化的幅度为20

单位。

15. 你可以购买美国跨国公司的股票。因为跨国公司在外国市场上生产和销售一部分它们的产品，它们会或多或少存在一定的多样化。

16. 答案为 d。

第 7 章　国际收支Ⅱ：产出、汇率与短期宏观经济政策

1a. 边际消费倾向是 0.75。

1b. 回想方程 $S=(Y-T)-C$。将 C 代入到这个方程中，我们就可以得到：$S=0.25(Y-T)-5$。因为可支配收入等于 100，所以我们就能够得出 $S=20$。

1c. 一个"消费休克"可能会引起截距项发生变化或者引起边际消费倾向发生变化。一次消费繁荣时期的到来可以引起两者的增加。

1d. 如果两个消费者的边际消费倾向相同，那么可支配收入从一个消费者手中转移到另外一个消费者手中的过程对总消费不会产生影响。

1e. 错误。尽管消费支出将会增加这个程度，但是作为支出中的一部分的进口将可能会下降，并且这些并不是国内总需求的组成部分。

2a. 那些收益率大于利率的所有投资项目都应该被运营。因此，投资要求的产出量将为 4 单位。

2b. 那些收益率大于利率的所有投资项目都应该被运营。因此，投资要求的产出量将为 2 单位。

2c. 那些收益率大于利率的所有投资项目都应该被运营。因此，投资要求的产出量将为 4 单位。这个答案是通过将表格中的数字加倍的方式得到的。

3. 图 7—2 给出了答案。请注意母国货币的升值所带来的一个即刻影响就是降低了母国的进口成本，因此改善了母国的贸易余额。随着时间的推移，货币的实际升值导致母国消费者和外国消费者之间发生支出转换行为，这样就使得出口下降和进口上升，最终就会破坏交易均衡状态。

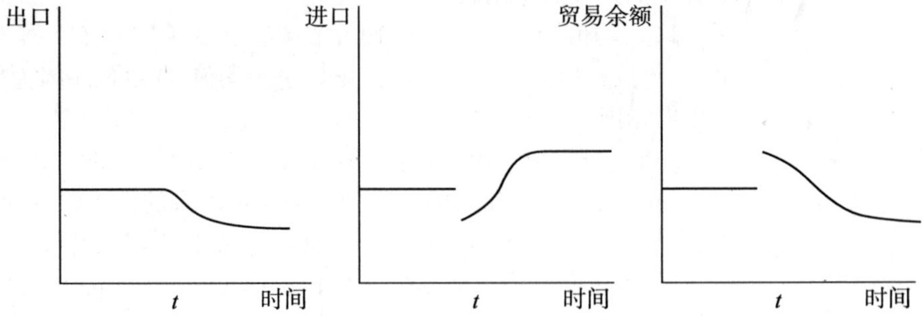

图 7—2　逆向 J 曲线，升值情形

4. 答案为 d。因为以美元计价和分销成本这两种方式都能够降低受汇率变动

影响的最终价格所占的份额。它们减弱了名义汇率的变动和实际汇率变动之间的联系。J 曲线效应包括实际汇率的变化对贸易余额的不完全传递效应，这在概念上是一个不同的事物。

5. 答案为 d，所有选项全部正确。

6a. 利率的下降增加了投资支出成本 I 并且导致汇率的下降，这反过来也会增加贸易余额。因此，总需求会增加，并且国民产出也会上升。

6b. 母国货币的升值将会使得贸易余额下降，这样就会降低总需求并降低国民产出。

6c. 税收的下降将会增加可支配收入，并且会增加消费者的支出。尽管这些支出的一部分会花费在进口上，这样就不会增加对国内产品和服务的支出，但是消费增加的额度要大于进口的额度。结果，就会扩大总需求量，同时也会扩张国民产出。

6d. 外国税收的下降将会增加消费者在外国的支出额，这个增加的支出额就会部分地增加对母国的产品和服务的支出。因此，母国的总需求就会扩展，并且国民产出也会扩展。

6e. 消费者信心指数的下降将使得函数 $C(Y-T)$ 向下移动，并且会使得每个产出水平上的总需求量下降。总需求曲线的向下移动将降低国民产出。

6f. 这会引起进口需求的突然下降。消费者会在名义汇率没有发生变化的前提下将他们的进口支出转移到他们对国内产品和服务的支出上。结果，国内需求就会上升，并且国民产出也会上升。

7a. 利率的下降会引起沿着同一条 IS 曲线的移动，而不是 IS 曲线的移动。

7b. 预期的未来汇率的上升会引起 IS 曲线向右移动。

7c. 税收的下降会引起 IS 曲线向右移动。

7d. 外国税收的下降会引起 IS 曲线向右移动。

7e. 消费者信心指数的下降会引起 IS 曲线向左移动。

7f. 国内产品和服务支出额的变化会引起总需求曲线向右移动。

8. 答案为 d，因为价格水平的下降将增加货币的实际供给量。没有其他任何选择能够对 LM 曲线产生直接的影响。

9. 正确。这条 LM 曲线是一条向上倾斜的直线。因为，当价格具有黏性时，实际货币需求就必须保持恒定。国民产出的增加会增加实际货币需求量，并且货币需求的增加不得不通过名义利率的增加来抵消。如果价格具有黏性，那么国民产出的增加就会引起价格水平下降，并且引起实际货币供给上升。

10a. 不能。见图 7—3。政府部门支出的增加或者税收的下降都将会使得 IS 曲线向右移动，从而增加国民产出。然而，较高的利率导致货币发生增值，并且降低了贸易余额。更进一步来说，可支配收入的扩张增加了对进口的需求，进口需求未来会降低贸易余额。

10b. 可以。见图 7—4。货币供给的增加将会使得 IS 曲线向右移动，从而增加国民产出并降低利率。较低的利率使得汇率下降，并且趋于改善贸易余额。尽管国民产出的增加能够增加进口需求，而进口需求的增加可能会降低贸易余额，但是汇率的贬值将会增加贸易余额。因此，仅仅实施货币政策就能实现两个目标。

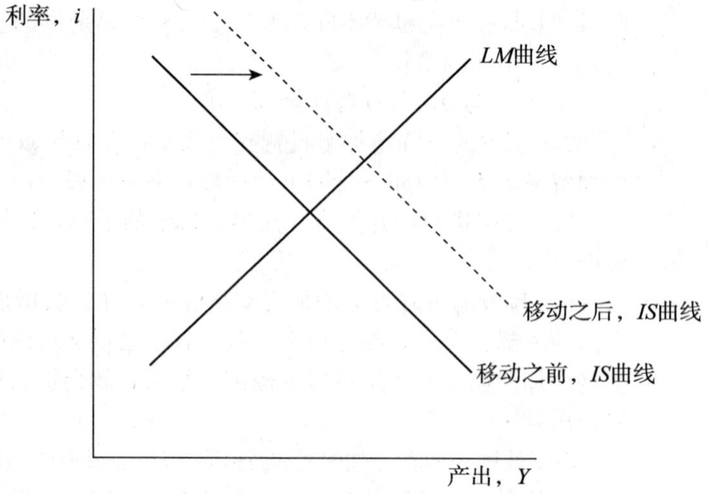

图 7—3　仅仅实施财政政策引起 i 和 Y 沿着相同的方向移动

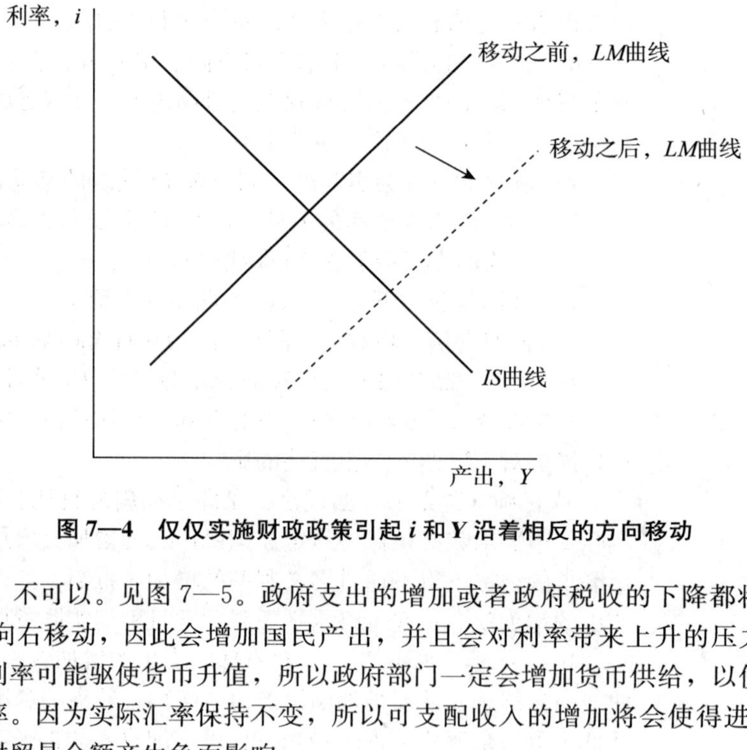

图 7—4　仅仅实施财政政策引起 i 和 Y 沿着相反的方向移动

10c. 不可以。见图 7—5。政府支出的增加或者政府税收的下降都将会引起 *IS* 曲线向右移动，因此会增加国民产出，并且会对利率带来上升的压力。因为更高的利率可能驱使货币升值，所以政府部门一定会增加货币供给，以便维持固定的汇率。因为实际汇率保持不变，所以可支配收入的增加将会使得进口增加，同时会对贸易余额产生负面影响。

11. 错误。从这个意义上来说，固定国内利率和 *LM* 曲线一定要适应对 *IS* 曲线的调整这两个方面具有一些相似性。然而，无论从哪个角度来考虑，母国的利率和外国的利率必须相同从而使得外国利率的变化能够改变汇率这样的论断都是不可能成立的。

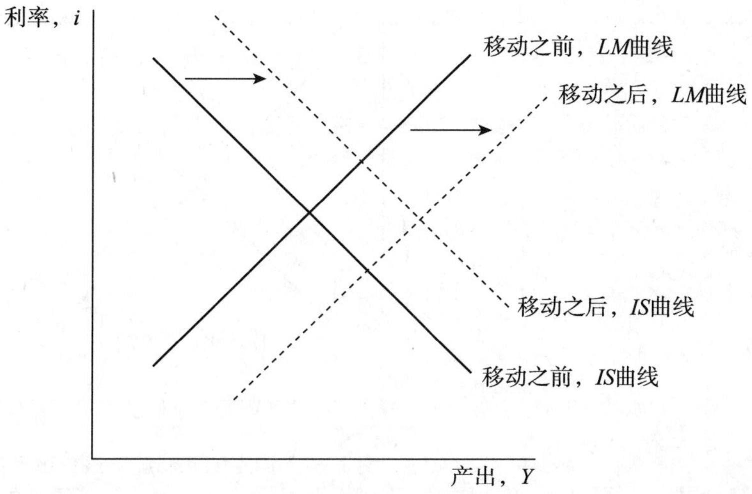

图 7—5　在固定汇率制度条件下，财政政策的变化引起 *IS* 曲线和 *LM* 曲线都发生移动

12a. 如图 7—6 所示。投资的一个外生条件引起的下降将使得 *IS* 曲线向左移动，并引起产出和利率的下降。汇率的贬值和贸易余额的改善将会抵消由这个移动引起的一些影响。

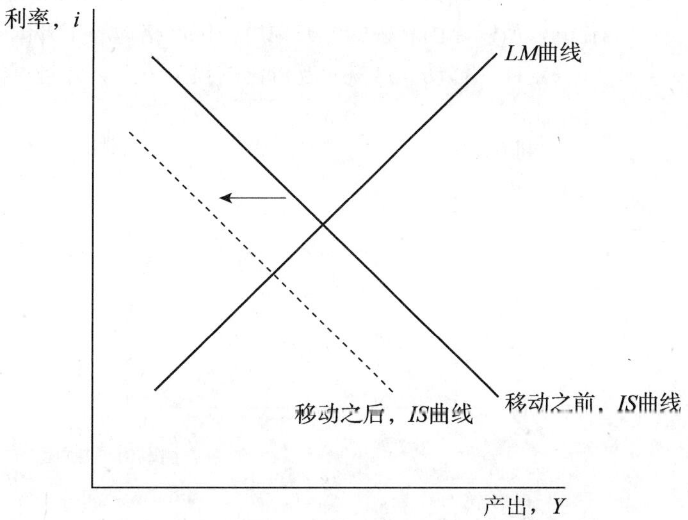

图 7—6　浮动汇率制度下投资破产的影响

12b. 政府所应做的最基本的事情就是，降低税收或者增加政府部门的支出，目的就是为了使 *IS* 曲线移动到初始位置。或者，政府可以增加货币供给量，从而使得 *LM* 曲线向右移动。

12c. 如图 7—7 所示。因为固定汇率制度要求利率是固定不变的，所以，由投资支出的下降引起的 *IS* 曲线的向左移动，导致 *LM* 曲线向左移动，同时也引起中央银行降低货币供给量。因此，这个冲击的影响在固定汇率制度下被放大了。

12d. 财政政策能够被用来抵消投资破产带来的影响，但是货币政策就不能达到同样的效果。

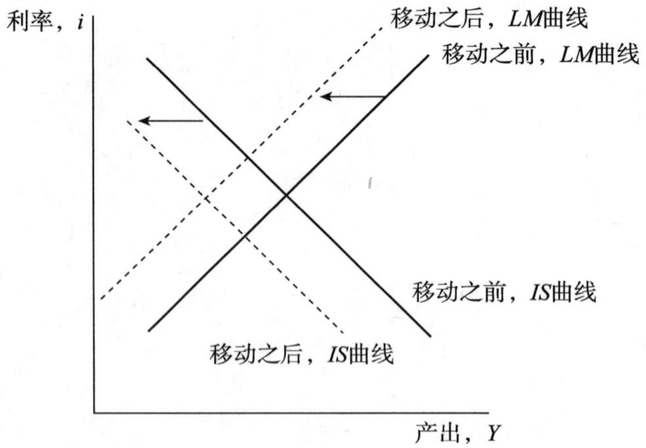

图 7—7　固定汇率制度下投资破产的影响

13. 如图 7—8 所示。在这两种情况下，外国资产的收益从 FR_0 上升到 FR_1，并且 IS 曲线从 IS_0 移动到 IS_1。在浮动汇率制度下，母国的汇率将会发生贬值，并且会扩展出口和缩减进口，使得 IS 曲线向右移动。产出的增加将会提高母国的利率水平，但是母国利率上升的幅度要小于外国利率上升的幅度（请注意外国的预期收益的一部分归因于更快的贬值率）。在固定汇率制度下，母国汇率是不会发生变化的，所以母国利率的上升幅度一定严格地等于外国利率的上升幅度。因此，LM 曲线一定向左移动。这就引起母国的投资下降，并且可能同时引起产出的下降。

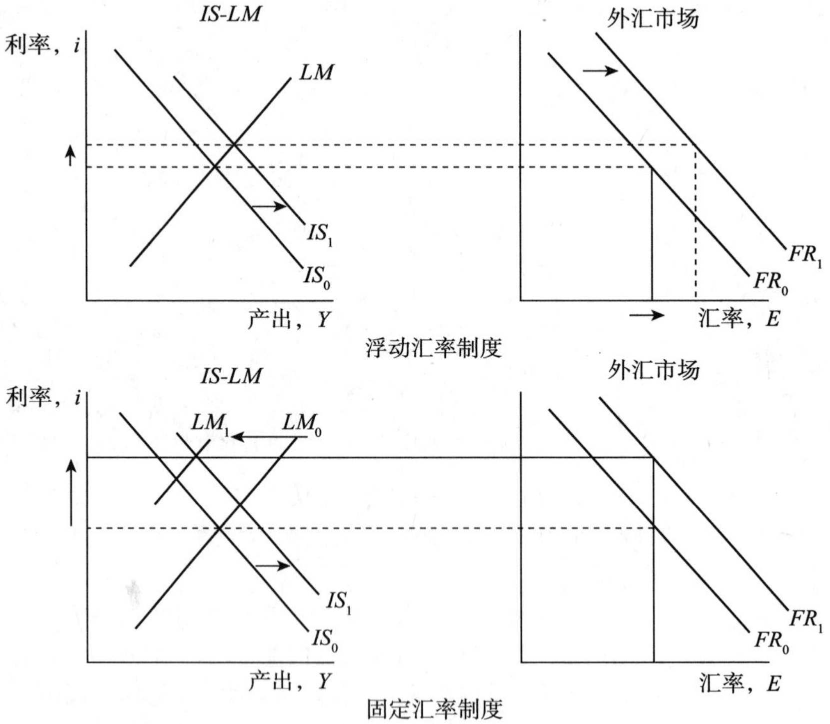

图 7—8　在浮动汇率制度和固定汇率制度下外国利率的上升所产生的影响

14. 答案为 d，所有选项全部正确。

第 8 章　固定汇率制与浮动汇率制：国际货币经验

1. 不需要。一个国家即使固定了它的汇率，也可以对它的财政政策保持控制。投资的下降能够因税收的下降或者政府支出的增加而抵消。

2. 这可能是因为贸易伙伴已经发生变化了，从而使得与本国货币所钉住国家进行的交易量和与另外一个国家的突出交易量相比已显得黯然失色。

3. 不太可能。从这两个州彼此之间进行的交易并不是很频繁和它们可能遭受非对称性冲击（石油价格的下降对马萨诸塞州来说是好消息，但是对得克萨斯州来说就是个坏消息）的角度来看，最好的办法就是这两个州分别使用两种不同的货币。

4. 通过实施资本控制，这个国家可以重新获得建立一种独立的货币政策的能力。

5. 国家可以自由选择多种名义锚。如果一个国家不能承诺维持一个不同种类的名义锚，那么就不能确定这个国家能否成功地固定它的名义汇率。

6a. 美元的贬值使得母国的负债相对于它的资产来说增值，进而就减少了母国的总财富量。

6b. 如果消费和投资对总财富的变化足够敏感，那么美元的贬值可能就会引起投资和消费的缩减，并且引起产出的下降。正如教科书中所显示的那样，有足够的证据表明大幅贬值可以对经济体产生同样的影响。

7. 理想的状况是，母国的货物贸易伙伴与它的资产贸易伙伴最好是相同的，这样经济一体化过程和由钉住单一国家的固定汇率制引起的货币错配论断将会变得可能。然而，在这样的情况下，将货币固定在美元上，意味着不能把货币固定在欧元上，反之亦然。因此，母国必须选择是将它的货币固定在能够从市场一体化进程中获得收益的欧盟货币之上，还是将它的货币固定在能够使它避免资产和负债的货币错配的美国货币之上。

8. 这是一个有关原罪的问题。如果一个国家拥有高通货膨胀率和货币不稳定的声誉，那么外国企业可能就不情愿持有以该国货币计价的资产。

9a. 如果外国削减它的税收，那么它的支出将上升，并且这些额外支出的一部分会花费在母国的产品和服务上。这样总需求的增加就提高了母国的产出。因为母国起始是处于充分就业状态，所以它的经济开始出现过热现象。

9b. 如果外国重新对它的货币进行估价，那么它的实际汇率将会上升，并且这个支出的一部分将被转移到母国的产品上。如果母国不采取任何措施，那么它的贸易余额将上升，并且经济体将再次出现过热现象。

10. 如果一个国家将它的货币固定在黄金上，那么它不会将自己暴露在基础国家的任意政策的改变过程中。更进一步来说，如果有足够的人拥护金本位制度，那么它同样可以从网络外部性中获益。

11a. 母国货币的实际贬值，使得支出从外国转移到母国。总需求的下降可以引起外国产出下降到它的充分就业水平之下。

11b. 外国可以通过降低利率来促进它的经济发展，从而可以扩展它的投资规模。外国利率的下降将不得不牵连到母国，以便阻止母国货币升值。

12. 如果中心国增加它的货币供给，那么那些非中心国家将被迫增加它们的货币供给，以便阻止它们的货币升值。非中心国的货币供给的增加可能会导致通货膨胀，并且这个通货膨胀是永久性的。

13. 固定在同一种给定国家货币之上的国家越多，不易引起汇率波动的潜在交易量就会越大。

14. 资本控制允许这个体系中的国家实施少量货币政策。政策自主权的大小部分地由资本控制的强度来决定。

第9章　汇率危机：钉住汇率制的运作与解体

1. 根据教科书，在发达国家，一场汇率危机的贬值程度是指10%～15%，而在发展中国家，一场汇率危机的贬值程度是指20%～25%。

2. 当一个银行系统或者政府部门拥有以本地货币表示的资产而拥有以外国货币表示的负债，汇率的贬值就会使得负债的价值发生膨胀，这样就会引起金融危机和政府拖欠行为的发生。

3. 当银行面临破产时，中央银行可能被诱导通过向这个银行提供贷款来支撑这个银行的发展。国内信贷的扩张可能会扩大货币供给量，并且可能会动摇固定汇率制度的稳定性。

4. 货币局的支持比率为100%，所以只要货币需求量为正，那么外汇储备就为正。只要货币局继续发挥作用，那么就可以一直维持固定汇率。

5. 中央银行可以发行冲销债券，这种债券将成为中央银行的一项负债，但是并不被当做货币。这项政策的成本是昂贵的，因为冲销债券的利率可能要高于外汇储备赚取的利率，所以这项政策会导致中央银行遭受损失。

6a. 中央银行应该持有价值50比索的外汇储备。

6b. 如果不考虑其他额外的影响，国内信贷的增加应该会使得外汇储备降低到只有5比索，但是不会降到0，所以应该不会发生汇率危机。

6c. 外汇储备的损失和金融危机能够引起风险溢价的上升。那么较高的国内利率将会降低货币需求量，并且随着外汇储备下降为0，将会使这个国家陷入一场汇率危机中。

7a. 利率的上涨表明汇率风险溢价已经上升，或者违约风险溢价已经上升。汇率风险溢价变动的程度导致利率的上升，这些信息表明钉住货币制度并不可信。

7b. 如图9—2所示。随着利率从 i_0 上升到 i_1（降低货币供给量），货币需求量将从 M_0 下降到 M_1，所以中央银行资产的价值一定是处于下降的趋势。因为国内信贷水平保持不变，所以外汇储备一定下降。根据定义，支持比率已经下降。

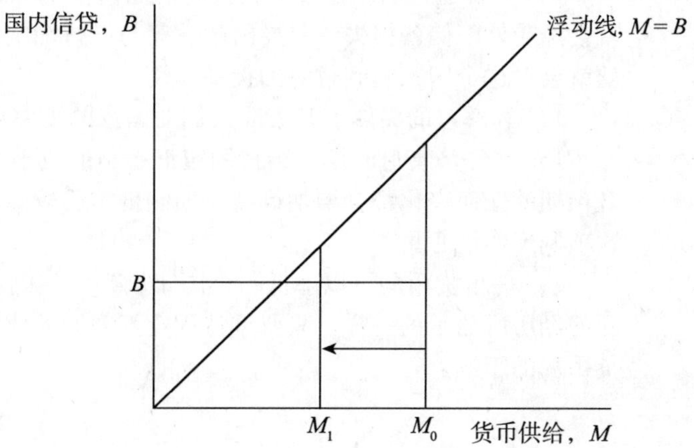

图 9—2

8. 诸如国际货币基金组织这样的国际机构可以向正处于汇率危机中的国家的中央银行提供一项外汇贷款来帮助它渡过难关。较多的外汇储备可以帮助国家渡过难关，直到货币需求量上升。

9. 一项救助表明国内信贷一般性的增长，但是并没有增加货币供给量，这样救助就一定会挤出外汇储备。向一个缺乏流动性的银行提供流动性资金，既可以增加中央银行的增产，同时也可以增加中央银行的负债，所以这不会挤出外汇储备，因为货币需求已经上升。

10. 答案为 c。比索账户的利率差额既包括货币溢价也包括国家溢价。美元存款的利率差额并不包括货币溢价。因此，货币溢价等于总差额减去违约溢价，或者说等于 5%。

11a. 只要这种货币保持钉住制度，货币供给量就仍然是恒定不变的，并且价格水平也是恒定不变的。这样通货膨胀率就为 0。

11b. 现在货币供给以 30%的速度在上涨，所以通货膨胀率为 30%。根据费雪效应可知，名义利率一定从 5%上升到 35%。

11c. 因为在 t 时刻的货币供给量是固定不变的，所以货币需求量的下降产生的影响一定会被价格水平的上升所带来的影响所抵消。因此，在 t 时刻，价格水平是加倍的。

11d. 在 t 时刻，实际货币需求量下降，因为利率已经上升了。

11e. 汇率从 1 上升到 2，反映出绝对购买力平价的条件和当地价格水平加倍的影响。

11f. 在 t 时刻之前，这个投资组合的价值为 20 美元。在 t 时刻之后，10 比索仅仅价值 5 美元，所以这个投资组合的价值为 15 美元。

12a. 不会。危机的阈值等于 2×20%=40%，这个比率小于已经存在的支持比率。

12b. 现在支持比率的阈值上升到 2×40%=80%，这个比率超过已经存在的支持比率。因此，货币就会发生贬值。

13. 只要这个国家通过中央银行的国内信贷来继续抵补预算赤字，这个国家就会经受外汇储备损失。只要财政政策与维持固定汇率制度不一致，那么这项贷款就会对这个国家起到暂时的援助作用。

14. 利率差的突然上升表明人们对国家的汇率承诺的信心下降。

15. 在经济衰退时期，维持固定汇率制的成本会比正常时期要高。对利率上升预期的任何变化都会增加维持这项制度本已较高的成本，因此，就会降低维持这项制度的信心。

16. 一个货币局可以降低一个国家放弃钉住制度的可能性。然而，正如阿根廷的经历所显示的一样，只要维持固定汇率制的成本足够高，政府部门总能摆脱货币局的影响。

第 10 章　欧　元

1. 厄瓜多尔拥有一个不能控制它的货币供给的名声。固定汇率制可能不具可信性，因为钉住制度是一项权宜义务。采用美元作为它的货币可以增加恢复到之前那种情况的成本。

2. 通过消除汇率的波动性，货币联盟可能会促进国家之间的贸易量快速增加，因此会加速一体化进程。

3. 这种担心是指，通过培育额外的贸易，可以引诱国家专门从事几种产品的生产活动。生产专门化可能导致这些国家遭受更多的非对称性冲击。

4. 最优货币区理论强调了劳动力流动性的重要性。如果工人可以离开遭受负面冲击的国家而进入到经受正面冲击的国家，那么货币联盟更可能会增加福利。1995 年的《申根条约》可以减少国家之间的劳动力流动性的限制。

5. 面对非对称性冲击，欧洲的许多国家发现，在汇率机制危机期间保持它们的汇率固定不变是非常痛苦的一件事情。这也暗示出，这些国家没有足够相似到可以建立一种有价值的共同货币。

6. 财政限制条款限制了政府部门调整它们对总需求波动起作用的财政政策的能力，使得政府部门没有资源去应对经济衰退。更进一步来说，没有一项政策能够说明低政府赤字与最优货币区有关。最后，这个标准甚至被德国广泛地忽略了，这个国家在价格稳定性上收益最大。

7. 因为《马斯特里赫特条约》可能是比较严格的，这些标准要求国家证明它们对低通货膨胀政策的承诺。

8a. 决定是由所有成员国中的代表协商一致后作出的。

8b. 中央银行的独立性对避免货币政策的时间不一致性来说是非常必要的，这个不一致性可能导致通货膨胀出现偏差。能够控制中央银行的政府很有可能被诱惑来扩展货币供给。

8c. 中央银行的偏好可能与大部分居民的愿望不一致。

8d. 在欧洲诸国中，德国的中央银行被塑造为保持低通货膨胀率的机构。《马斯特里赫特条约》尝试筛选出那些能够对中央银行进行更多干预的国家。

9. 在理论上不存在这样的论证依据。这个数字是非常随意的。

10. 随着欧洲联盟成员数量的扩展，对欧盟成员国的经济冲击的多样性也在不断增加。因为欧洲中央银行是通过协商一致而作出决定的，当各成员国对什么是最适当的政策持有不同观点时，选择最恰当的政策就会变得更加困难。

11. 没有什么事情能够阻止一个国家选择欧元作为它的货币，但是加入欧元区需要经过允许之后才可以。这里存在的不同就是不属于欧元区的国家不属于欧洲中央银行决策的考虑范围。

第 11 章　国际宏观经济学专题

1. 无套购波幅是：100/115＝0.87 和 115/100＝1.15，所以最可能的情形是，实际汇率在套利之前可以升值到有利可图的 0.87。

2. 引起名义汇率变化的一个原因就是实际汇率的变化。如果交易成本的下降能够引起无套购波幅的缩小，实际汇率应该变得更加稳定。

3. 不能。这可能是实际汇率的均衡状态。

4a. 不会。如果所有商品和服务都可以自由地进行贸易，那么相同产品（或者服务）的价格在每个国家都一定是相同的，所以在不同国家之间可能不存在价格的波动。

4b. 不会。如果发达国家在服务上具有相同的生产率优势，那么尽管发达国家的工资更高，但是这两个国家的生产成本还将是相同的。

5. 假设一个国家的制造业的生产能力快速增长，那么它的实际汇率一定处于升值状态。如果国家的名义汇率固定不变，那么实际汇率的升值一定会通过通货膨胀的方式发生。

6a. 价格水平或者名义汇率一定会向右移动。因此，如果汇率固定不变，那么只有通过移动价格水平才能实现这样的调整。

6b. 相对于实行浮动汇率制的国家来说，这个收敛速度可能变快，因为价格水平实际上是具有黏性的。要求价格水平发生变化的调整可能会变得很缓慢。

7a. 因为汇率没有变化，这项投资将获得 10%的日元收益，这样这项投资将赚取 10 000 日元的收益。因此，在这一年年底你将拥有 110 000 日元。

7b. 无抛补利率平价条件可能预测日元升值 10%，但是事实并非如此。因此，这个预测误差为 10%。

7c. 超额收益也是 10%。

7d. 不能。平均来看，一项投资的超额收益应该为 0，但是任何一个特定结果都是随机的。

7e. 在这一年年底，你将会拥有 1 100 000 日元，你将不得不从这部分收入中拿出 900 000 日元去偿还你的债务。因此，你最终将获得 200 000 日元的收益，这也表明收益率为 100%。

7f. 考虑已经实现的澳元资产的日元收益：$i_{\text{Aus\$}} + \Delta E_{¥/\text{Aus\$}} / E_{¥/\text{Aus\$}}$。如果日元升值 14%，那么日元的收益率可能为 0.1－0.14＝－0.04。因此，投资的每日元的收益可能大约为－4%，所以你将会剩下 1 000 000 日元×（1－0.04）＝960 000 日元。因为你不得不用 900 000 日元去偿还债务，因而你将遭受 40 000 日元的损失，或者说要遭受 40%的损失。

8. 预期超额收益可能为 0，所以夏普比率可能为 0。

9. 两种解决办法都归因于对套利的限制。购买力平价的情形涉及贸易成本。无抛补利率平价情形下的限制要归因于避免风险的愿望。

10a. 储蓄的下降会促使世界利率上升，并且能够增加母国的经常账户赤字。

10b. 投资的繁荣能够增加世界利率水平，并且能够增加母国的经常账户赤字。

10c. 不能。这里一定已经存在一个外国冲击，这个冲击降低了实际利率并且引起母国投资的扩张。

11. 从外国借款所需支付的税收 t 将母国的利率增加到 $r^w + t$。借款成本的增加使得投资量减少，并且使得母国的经常账户赤字下降。

12a. 正确。因为净财富为负值，所以一定会存在对外国支付的利息，这使得母国有必要经营贸易盈余来偿还债务。

12b. 错误。母国将会获得来自外国的络绎不绝的利息收入，这样就使得消费大于产出变成可能。

13. 这表明母国产品和服务的相对需求下降，所以这些产品和服务的价格一定下降。母国的实际汇率一定贬值。

14. 当消费能力从母国向外国的转移引起母国和外国产品的总消费量发生变化时，这个转移将需要实际汇率也作出相应的调整。在存在母国偏向的情况下，从母国向外国的转移收入引起对母国产品和服务的需求下降。

15. 根据这个模型，产出波动性的增加对这个国家的借款成本的增加将产生影响，因为违约的可能性在增加。因此，如果这个模型是正确的，那么这个特定国家的产出一定是易变的。

16. 正确。通过增加债务违约成本，这个国家将变得更加不可能对它的债务进行违约。了解到这些信息，银行愿意以更低的利率向这个国家提供贷款。

17. 风险溢价的上升是因为违约提高了国内利率，如果这个国家实施固定汇率制度，那么这将对国内的金融系统施加压力，并且增加了汇率危机发生的可能性。

术语表*

第1章　全球宏观经济

Fixed exchange rate	固定汇率
Floating exchange rate	浮动汇率
Exchange rate crisis	汇率危机
Default	违约
International Monetary Fund (IMF)	国际货币基金组织
World Bank	世界银行
Income	收入
Expenditure	支出
Surplus	盈余

* 顾晓波、冯丽君、胡安荣、曾景、王晓、孙晖、程诗、付欢、王小芽、马慕禹、张伟、李军、王建昌、王晓东、李一凡、刘燕平、范阳阳、秦升、程悦、钟红英、赵文荣、杨威、崔学峰、王博、刘伟琳、周尧核对了书中的参考文献，在此表示感谢。

Deficit	赤字
Wealth	财富
Capital gains	资本收益
Country risk	国家风险
Balance of payments	国际收支
Policies	政策
Regimes	体制
Institutions	制度
Advanced countries	发达国家
Emerging markets	新兴市场经济体
Common currency	共同货币
Dollarization	美元化
The Great Divergence	大分流
Income per person	人均收入
Income volatility	收入波动
Developing countries	发展中国家

第 2 章　汇率与外汇市场概述

Exchange rate	汇率
Appreciation	升值
Depreciation	贬值
Effective exchange rate	有效汇率
Exchange rate regime	汇率制度
Fixed (or pegged) exchange rate regime	固定汇率制度
Floating (or flexible) exchange rate regime	浮动汇率制度
Band	波幅
Dollarization	美元化
Currency board	货币局
Currency union	货币联盟
Free float exchange rate regime	自由浮动汇率制度
Managed float	有管理的浮动
Exchange rate crises	汇率危机
Crawl	爬行
Foreign exchange market	外汇市场
Spot contract	即期合约
Spot exchange rate	即期汇率
Spread	差价

Market friction	市场摩擦
Transaction cost	交易成本
Derivatives	衍生产品
Forwards	远期
Swaps	掉期
Futures	期货
Options	期权
Commercial banks	商业银行
Corporations	公司
Interbank trading	银行间交易
Nonbank financial institutions	非银行金融机构
Capital control	资本控制
Official market	官方市场
Black market	黑市
Intervention	干预
Arbitrage	套汇
Equilibrium	均衡
No-arbitrage condition	无套汇条件
Cross rate	交叉汇率
Vehicle currency	媒介货币
Forward exchange rate	远期汇率
Covered interest parity	抛补利率平价
Expected exchange rate	预期汇率
Uncovered interest parity	无抛补利率平价
Rate of return	收益率
Risk	风险
Liquidity	流动性
Exchange rate of return	预期回报率
Exchange rate of depreciation	预期贬值率
Forward premium	远期溢价

第 3 章　汇率Ⅰ：长期货币理论

Monetary approach to exchange rates	汇率的货币理论
Law of one price（LOOP）	一价定律
Purchasing power parity（PPP）	购买力平价
Real exchange rate	实际汇率
Real appreciation	实际升值

Real depreciation	实际贬值
Overvalued	高估
Undervalued	低估
Absolute PPP	绝对购买力平价
Inflation	通货膨胀
Relative PPP	相对购买力平价
Money	货币
Central bank	中央银行
Money supply	货币供给
Money demand	货币需求
Quantity theory of money	货币数量论

Fundamental equation of the monetary model of the price level
价格水平的货币模型的基本方程

Fundamental equation of the monetary model to exchange rates
汇率的货币模型的基本方程

Hyperinflation	恶性通货膨胀
Real money demand function	实际货币需求函数
Fisher effect	费雪效应
Real interest rate	实际利率
Real interest parity	实际利率平价
World real interest rate	世界实际利率
Inflation target	通货膨胀目标
Nominal anchors	名义锚
Monetary regime	货币制度
Exchange rate target	汇率目标
Money supply target	货币供给目标
Inflation target plus interest rate policy	通货膨胀目标加利率政策
Central bank independence	中央银行独立性

第 4 章　汇率Ⅱ：短期资产理论

Asset approach to exchange rates	汇率的资产理论

Fundamental equation of the asset approach to exchange rates
汇率的资产理论的基本方程

FX market diagram	外汇市场图
Nominal rigidity	名义刚性
Overshooting	超调
Trilemma	三元悖论

第 5 章　国民账户与国际账户：收入、财富和国际收支

Gross national expenditure (GNE)	国民总支出（GNE）
Value added	增加值
Gross domestic product (GDP)	国内生产总值（GDP）
Gross national income (GNI)	国民总收入（GNI）
Imports (IM)	进口（IM）
Exports (EX)	出口（EX）
Trade balance (TB)	贸易余额
Factor service imports (IM_{FS})	要素服务进口（IM_{FS}）
Factor service exports (EX_{FS})	要素服务出口（EX_{FS}）
Net factor income from abroad (NFIA)	来自外国的净要素收入（NFIA）
Net unilateral transfers (NUT)	净单边转移（NUT）
Gross national disposable income (GNDI)	国民可支配总收入（GNDI）
Current account (CA)	经常账户（CA）
Asset exports (EX_A)	资产出口（EX_A）
Asset imports (IM_A)	资产进口（IM_A）
Financial account (FA)	金融账户（FA）
Capital account (KA)	资本账户（KA）
National income and product accounts	国民收入与产出账户
Balance of payments accounts	国际收支账户
Expenditure approach	支出法
Product approach	产出法
Income approach	收入法
GDP identity	国内生产总值（GDP）恒等式
GNI identity	国民总收入（GNI）恒等式
GNDI identity	国民可支配总收入（GNDI）恒等式
National income identity	国民收入恒等式
National savings	国民储蓄
Current account identity	经常账户恒等式
Private savings	私人储蓄
Government savings	政府储蓄
External asset	外部资产
External liability	外部负债
BOP identity	BOP 恒等式
BOP credit	国际收支贷方
BOP debit	国际收支借方

(Net) lender	(净) 贷款人
(Net) borrower	(净) 借款人
Financial outflow	金融性资本流出
Financial inflow	金融性资本流入
Official settlements balance	官方结算余额
Non-reserve financial account	非储备金融账户
External wealth	外部财富
Net creditor	净债权人
Net debtor	净债务人

第 6 章　国际收支 I：金融全球化得失

Long-run budget constraint (LRBC)	长期预算约束
Small open economy	小型开放经济
World real interest rate	世界实际利率
Present value	现值
Perpetual loan	永久贷款
Sudden stops	突然中止
Precautionary savings	预防性储蓄
Foreign reserves	外汇储备
Sovereign wealth funds	主权财富基金
Production function	生产函数
Productivity	生产率
Convergence	收敛
Divergence	发散
Foreign aid	外国援助
World Bank	世界银行
Marginal product of capital (MPK)	资本的边际产出
Diversification	多样化
Home bias	母国偏向

第 7 章　国际收支 II：产出、汇率与短期宏观经济政策

Consumption	消费
Disposable income	可支配收入
Marginal propensity to consume (MPC)	边际消费倾向

Expected real interest rate	预期实际利率
Government consumption	政府支出
Taxes	税收
Transfer programs	转移计划
Expenditure switching	支出转换
Real effective exchange rate	实际有效汇率
Pass-through	传导
J curve	*J* 曲线
Goods market equilibrium condition	商品市场均衡条件
IS curve	*IS* 曲线
LM curve	*LM* 曲线
Monetary policy	货币政策
Fiscal policy	财政政策
Stabilization policy	稳定政策

第 8 章　固定汇率制与浮动汇率制：国际货币经验

Gold standard	金本位制
Base currency	基础货币
Center currency	中央货币
Asymmetric shocks	不对称性冲击
Symmetry-integration diagram	对称性——一体化图
Fear of floating	浮动恐惧
Fixed exchange rate systems	固定汇率制
Reserve currency system	储备货币体系
Cooperative arrangements	合作性安排
Devaluation	贬值
Revaluation	重估
Beggar-thy-neighbor policy	以邻为壑政策

第 9 章　汇率危机：钉住汇率制的运作与解体

Exchange rate crisis	汇率危机
Banking crisis	银行业危机
Default crisis	违约危机
Twin crises	双重危机

Triple crises	三重危机
Domestic credit	国内信贷
Reserves	储备
Central bank balance sheet	中央银行资产负债表
Assets	资产
Liabilities	负债
Floating line	浮动线
Fixed line	固定线
Backing ratio	支持比率
Currency board	货币局
Risk premium	风险溢价
Interest rate spread	利率差
Currency premium	货币溢价
Country premium	国家溢价
Sterilization bonds	冲销债券
Credibility	可信性
Contagion	传染
Sterilization	冲销
Insolvent	破产
Bailout	救助
Illiquid	流动性不足
Bank run	银行挤兑
Lender of last resort	最后贷款人
First-generation crisis model	第一代危机模型
Fiscal dominance	财政主导
Speculative attack	投机性冲击
International Monetary Fund	国际货币基金组织
Second-generation crisis model	第二代危机模型
Contingent commitment	权宜承诺
Multiple equilibria	多重均衡
Self-fulfilling equilibrium	自我实现均衡
Corners hypothesis	角假设

第 10 章　欧元

Currency union	货币联盟
Eurozone	欧元区
Euro	欧元

Optimum currency area（OCA）	最优货币区（OCA）
Inflation bias	通货膨胀偏差
Marshall Plan	马歇尔计划
Treaty of Rome	《罗马条约》
Exchange Rate Mechanism（ERM）	汇率机制
Maastricht Treaty	《马斯特里赫特条约》
European Union（EU）	欧洲联盟
Economic and Monetary Union（EMU）	经济货币联盟
ERM crisis	汇率机制危机
European Central Bank（ECB）	欧洲中央银行
Convergence criteria	趋同准则
Stability and Growth Pact（SGP）	《稳定与增长公约》

第 11 章　国际宏观经济学专题

Trade cost	贸易成本
No-arbitrage band	无套购波幅
Balassa-Samuelson effect	巴拉萨-萨缪尔森效应
Equilibrium real exchange rate	均衡实际汇率
Carry trade	套息交易
Peso problem	比索问题
Efficient markets hypothesis	有效市场假设
Forecast error	预测误差
Rational expectations hypothesis	理性预期假设
Limits to arbitrage	有限套利
Inefficient market	无效市场
Excess return	超额收益
Sharpe ratio	夏普比率
Savings glut	储蓄过剩
Transfer problem	转移问题
Sovereign default	主权违约
Contingent claim	或有求偿权
Repayment threshold	还债阈值

Study Guide with Worked Examples by Stephen Ross Yeaple for use with Feenstra/Taylor: International Macroeconomics

First published in the United States by
WORTH PUBLISHERS, New York and Basingstoke

Copyright © 2008 by Worth Publishers.
All Rights Reserved.

《〈国际宏观经济学〉学习指导与习题集》英文版于 2008 年由 WORTH PUBLISHERS 出版。

No part of this publication may be reproduced, stored in a retrieval system, transmitted in any form or by any means, electronic, mechanical, photocopy, or otherwise, without the prior written permission of the publisher.

Simplified Chinese version © 2011 by China Renmin University Press.

图书在版编目（CIP）数据

《国际宏观经济学》学习指导与习题集/耶普尔编；刘蕊，马幕远译. —北京：中国人民大学出版社，2011.12

（经济科学译丛）

ISBN 978-7-300-14794-9

Ⅰ.①国… Ⅱ.①耶… ②刘… ③马… Ⅲ.①国际经济学：宏观经济学-自学参考资料 Ⅳ.①F015

中国版本图书馆 CIP 数据核字（2011）第 239865 号

“十一五”国家重点图书出版规划项目

经济科学译丛

《国际宏观经济学》学习指导与习题集

斯蒂芬·罗斯·耶普尔　编

刘　蕊　马幕远　译

Guoji Hongguan Jingjixue Xuexizhidao yu Xitiji

出版发行	中国人民大学出版社		
社　　址	北京中关村大街 31 号	**邮政编码**	100080
电　　话	010－62511242（总编室）		010－62511398（质管部）
	010－82501766（邮购部）		010－62514148（门市部）
	010－62515195（发行公司）		010－62515275（盗版举报）
网　　址	http://www.crup.com.cn		
	http://www.ttrnet.com（人大教研网）		
经　　销	新华书店		
印　　刷	北京东君印刷有限公司		
规　　格	185 mm×260 mm　16 开本	**版　　次**	2011 年 12 月第 1 版
印　　张	10.5 插页 3	**印　　次**	2011 年 12 月第 1 次印刷
字　　数	212 000	**定　　价**	26.00 元

版权所有　侵权必究　　印装差错　负责调换

教学支持说明

中国人民大学出版社经济分社与人大经济论坛（www. pinggu. org）于 2007 年结成战略合作伙伴后，一直以来都以种种方式服务、回馈广大读者。

为了更好地服务于教学一线的任课教师与广大学子，现中国人民大学出版社经济分社与人大经济论坛做出决定，凡使用中国人民大学出版社经济分社教材的读者，填写以下信息调查表后，发送电子邮件、邮寄或者传真给我们，经过认证后，我们将会向教师读者赠送人大经济论坛论坛币 200 个，向学生读者赠送人大经济论坛论坛币 50 个。

教师信息表	学生信息表
姓名：	姓名：
大学：	所读大学：
院系：	所读院系：
教授课程：	所读专业：
联系电话：	入学年：
E-mail：	QQ 等联系方式：
论坛 id：	E-mail：
使用教材：	论坛 id：
论坛识别码（请抄下面的识别码）：	使用教材：
	论坛识别码（请抄下面的识别码）：

我们的联系方式：

E-mail：gaoxiaofei11111@sina. com

邮寄地址：北京市中关村大街甲 59 号文化大厦 1506 室中国人民大学出版社经济分社，100872

传 真 号：010－62514775

附：人大经济论坛（www. pinggu. org）简介

人大经济论坛依托中国人民大学经济学院，于 2003 年成立，致力于推动经济学科的进步，传播优秀教育资源。目前已经发展成为国内最大的经济、管理、金融、统计类在线教育和咨询网站，也是国内最活跃和最具影响力的经济类网站：

· 拥有国内经济类教育网站最多的关注人数，注册用户以百万计，日均数十万经济相关人士访问本站。

· 是国内最丰富的经管类教育资源共享数据库和发布平台。

· 提供学术交流与讨论的平台、经管类在线辞典、数据定制和数据处理分析服务、免费的经济金融数据库、完善的经管统计类培训和教学相关软件。

论坛识别码：pinggu _ com _ 1545967 _ 4210768